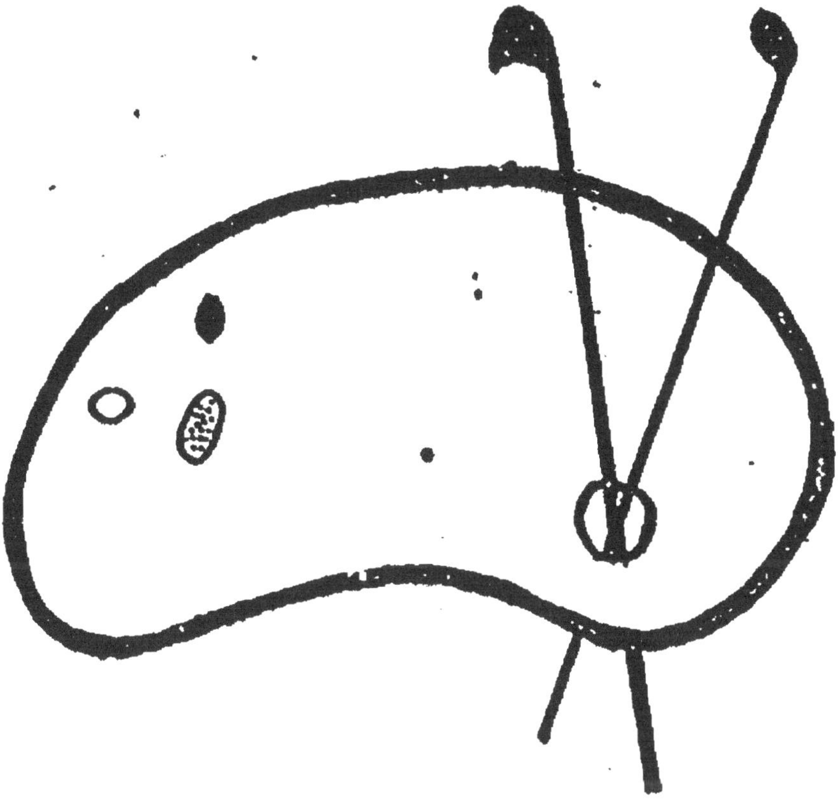

PAUL RADIOT

TRIPOLI

طرابلس

D'OCCIDENT

الغرب

ET

و

TUNIS

تونس

١٨٩٢

1892

PARIS

E. DENTU, LIBRAIRE-ÉDITEUR, 3 ET 5, PLACE DE VALOIS

ALFRED DARIMON

Histoire de douze ans (1857-1869). 1 vol. 3 50
A travers une Révolution (1847-1858). 1 vol. 3 50
Les Cinq sous l'Empire (1857-1860). 1 vol. 3 50
L'opposition libérale (1861-1863). 1 vol 3 50
Le Tiers Parti sous l'Empire (1864-1866). 1 vol. 3 50
Les Irréconciliables, dernière série de l'Histoire d'un parti. 1 vol. 3 50
La Maladie de l'Empereur. 1 vol. 2 50

GÉNÉRAL AMBERT

Pays de l'Honneur. 1 volume 3 50
Autour de l'Eglise. 1 volume 3 50
L'Héroïsme en soutane, 14e édition. 1 volume grand in-32. . . . . . 1 50

L. NICOLARDOT

Les sept épreuves de la Papauté. 1 vol. 3 50

ÉDOUARD DRUMONT

La dernière Bataille. 1 vol 3 50
Le Testament d'un Antisémite, 1 vol. 3 50

MGR GOUTHE-SOULARD
ARCHEVÊQUE D'AIX

Mon procès, mes avocats, édition populaire 1 50

Mgr RICARD
PRÉLAT DE SA SAINTETÉ

Monseigneur Freppel, 1 vol 3 50

IMBERT DE SAINT-AMAND

Deux victimes de la Commune, 1 vol. 2 50

L'ABBÉ DES FONTENELLES

Le Clergé Français dans le passé et dans le présent, 1 vol 3 50

Paris. — Imp. Noizette.

TRIPOLI D'OCCIDENT ET TUNIS

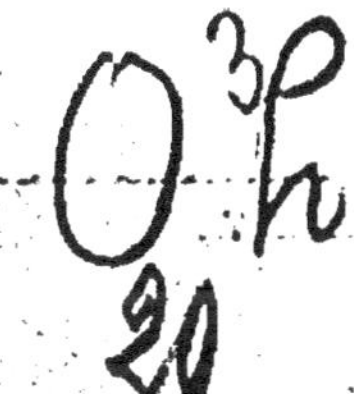

DU MÊME AUTEUR :

L'Elite, roman épique moderne, 1 vol. 3,50

Nouvelles similitudes françaises-arabes, in-18, Leroux, éd. ......

Le transsaharien transatlantique, in-8, Leroux, éd. ..

Pour paraître :

NOTRE FILLE DE FRANCE

CHATEA[illegible]OUX. — TYP. ET STÉRÉOTYP. A. MAJESTÉ

PAUL RADIOT

TRIPOLI D'OCCIDENT

ET

TUNIS

NOTES ET CROQUIS

Avec une visite de l'auteur à Bouvard et Pécuchet
Sur les ruines de Carthage.

PARIS
E. DENTU, ÉDITEUR
LIBRAIRE DE LA SOCIÉTÉ DES GENS DE LETTRES
3 et 5, PLACE DE VALOIS, PALAIS-ROYAL

TRIPOLI D'OCCIDENT ET TUNIS

VISITE DE L'AUTEUR
A
BOUVARD ET PÉCUCHET
SUR
LES RUINES DE CARTHAGE

SCÈNE PREMIÈRE

A PARIS, CHEZ M. PAPA-FRISQUETTE, ÉTALAGISTE, AU PASSAGE DES MIEUX CHOISIS.

L'AUTEUR, *saluant avec grâce.* — J'ai l'honneur, M. Papa-Frisquette, de vous présenter ce livre que je viens d'achever, comme au plus aimable des Parisiens...

PAPA-FRISQUETTE, *ne saluant pas.* — Vous avez raison. Le critique attaché à mon casier est unique au monde. Il possède une méthode infaillible pour juger, par la touche de l'Assyriologie, le roman, la poésie, les voyages, en un mot tout ce qui s'imprime. Par malheur, il est absent; et sans lui, je ne sais plus..., je suis comme une tête sans oreilles. Mais si vous alliez le consulter vous-même? il n'est pas loin..., à Carthage, près de cette Tunis qui fait le sujet de votre livre. Il dirige les recherches de Bouvard et Pécuchet, petits-cousins de Flaubert.

L'AUTEUR. — Comment? ils ne sont pas morts?

PAPA-FRISQUETTE. — Pas du tout! Ils vivent... pour l'Africanologie!

L'AUTEUR. — Oh! alors, j'y cours... Dès ce soir je m'embarque. J'obtiendrai l'avis de votre collaborateur insigne. Ne me donnez-vous pas une lettre d'introduction?

PAPA-FRISQUETTE. — Inutile, mon cher auteur, inutile. Mon collaborateur est comme moi : plus on met de formes pour se présenter, moins nous sommes cléments pour éconduire. Mon casier n'admet pas la courtoisie : des bases savantes le soutiennent.

L'AUTEUR. — Cependant, je connais des savants qui... Enfin je n'insiste pas, je pars... Ce critique de génie... son adresse? à Carthage, n'est-ce pas?

sur les ruines?... Je brûle d'envie de lui serrer la main.

PAPA-FRISQUETTE. — Vous pourrez même lui en serrer quatre. Ce ne sont pas les moyens qui lui manquent : s'il n'a pas le bras long, il l'a multiple.

L'AUTEUR. — Quatre mains ? mais alors il est pianiste — ou phénoménal... au physique aussi ? Adieu, M. Frisquette ; je n'y tiens plus !...

PAPA-FRISQUETTE. — Adieu, cher auteur, je ne vous salue pas ; vous savez : ce n'est pas l'habitude de mon casier.

SCÈNE II

A LA GOULETTE. DEUX JOURS APRÈS.

L'AUTEUR, *débarquant.* — Je n'irai même pas à Tunis. Courons aux collines de Carthage directement.

Il prend le pas gymnastique.

J'aperçois les citernes... Ah ! voici une tente d'explorateurs... deux vieillards respectables... ; c'est là, sans doute.... Mais quel singulier accoutrement... !

Les deux vieillards s'avancent à sa rencontre. Bouvard est coiffé d'un casque de bronze vert et Pécuchet porte en sautoir la peau d'un serpent tanné.

L'AUTEUR, *saluant.* — Messieurs, je viens vous trouver, sur le conseil de M. Papa-Frisquette, du Passage des Mieux Choisis. Puisque vous détenez son collaborateur, veuillez permettre au moins qu'il use, en ma faveur, d'un peu de sa science. Voici un livre que je voudrais lui soumettre....

BOUVARD. — Comment donc ! Mais bien volontiers. Donnez votre manuscrit à Pécuchet, il va le lui porter, et le prévenir qu'un auteur implore son jugement.

L'AUTEUR. — « Implore, » c'est beaucoup dire peut-être.

PÉCUCHET. — Monsieur, aucun mot n'est trop respectueux pour lui. C'est faire preuve d'esprit que de s'humilier devant notre confrère.

L'AUTEUR, *remettant une liasse de papiers à Pécuchet, qui les emporte.* — Mais... ne le verrai-je pas, de près ?

BOUVARD. — A l'instant, il va paraître.

Quelques bruits se font entendre derrière un

monticule où se dressent un pan de ruines et une colonne. Tenez, le voyez-vous !.. *(serrant le bras de l'auteur)* il gravit les marches du temple de Cérès ; il va siéger à son tribunal. Découvrez-vous au moment de la sentence....

L'AUTEUR *tombant à la renverse. Bouvard le retient.* — Ah !...

Il vient d'apercevoir un âne conformé comme tous les ânes, un âne à deux longues oreilles et quatre sabots, de taille médiocre et de museau entre deux âges, avec une denture de très vieille anglaise, un baudet qui s'avance quadrupédantement vers la pierre de Cérès, comme un universitaire balançant son épitoge dans un cortège de distribution de prix.

L'AUTEUR, *un peu remis.* — Comment ! messieurs les archéologues, qui est celui-là ? Voulez-vous rire? Si ce confrère était un rustre, passe encore, mais un âne véritable?...

BOUVARD, *sérieusement.* — Vous ne savez donc rien? Ce collaborateur? M. Papa-Frisquette ne vous a donc pas dit de quelle nature?... Justement, monsieur, en cela gît le prodige : étant de la race asine, il nous surpasse tous par le sens critique, l'érudition et le goût excellent. Avez-vous un rouleau?

L'AUTEUR. — Un rouleau?

BOUVARD. — Oui, un rouleau, un papyrus enfin, quelque chose à déchiffrer?

L'AUTEUR. — Je vous prie de m'excuser, mais je n'en porte pas habituellement sur moi.

BOUVARD. — Tant pis!

PÉCUCHET, *qui est revenu.* — Ça ne fait rien. Vous apprécierez autrement la sûreté merveilleuse de son jugement. Je lui ai donné votre livre...

L'AUTEUR. — *Les bras lui tombent une seconde fois. Il en profite pour serrer la main de Bouvard et de Pécuchet, dans une effusion vague.* — Mais enfin, qui est-il? Dites-moi. A-t-il un nom? Voulez-vous me faire souffrir les douleurs d'Elsa ignorant son Lohengrin?

L'âne s'est assis sur son séant, et d'un sabot dédaigneux il vanne les feuilles du manuscrit étalé sur une pierre.

PÉCUCHET, *avec feu.* — Vous serez satisfait... Nous avons quelques minutes avant la sentence.... Son nom?... Il s'appelle Le Drinn, c'est-à-dire fourrage, le fourrage, avenir de l'Algérie!...

L'AUTEUR, *réfléchissant.* — Le Drinn, fourrage? vous êtes bien sûr? Il me semble que ce nom provoque des interprétations plus profondes... Que penseriez-vous, par exemple, du verbe trilitère *dren*, être sale et répugnant? — ou encore *drah*, ruer, injurier par habitude? Cela me paraît une glose plus jolie pour un nom de quadrupède asinaire...

PÉCUCHET, *sèchement*. — Monsieur l'auteur moderne, apprenez qu'un archéologue se fait gloire d'ignorer les langues vivantes. Nous ne savons pas un mot d'arabe... Un idiome qui a des journaux et qui se parle! Fi donc! Les langues perdues, à la bonne heure! celles dont les lettres s'assemblent à force d'années, qui s'épèlent sans donner de sens, l'araméen, le cananéen, l'éthiopien, surtout l'aramaïque, plus rude encore. C'est la vertu des plus belles langues qu'on ne puisse les parler ni les comprendre.... Mais chut! il va juger.

Le Salomon à grandes oreilles s'est remis sur ses jambes et pousse des HI HON, HI HON *joyeux en promenant alentour un œil égrillard. Tout à coup il bondit, rue, caracole, disparait derrière le temple de Cérès. Bouvard et Pécuchet s'élancent.... — puis reviennent aussitôt, les yeux humides de larmes.*

PÉCUCHET. — Pauvre Le Drinn! C'est le printemps, c'est l'ardeur... on ne peut pas le retenir .. il en mourra!

BOUVARD. — Non, Pécuchet, on n'en meurt pas, mais on en souffre.... Rappelle-toi, Mélie... C'est de ta faute; tu aurais dû voir et chasser cette ânesse.

PÉCUCHET, *humble et pensif.* — C'est ainsi qu'Alexandre le Grand épuisa son génie. Ah! la volupté pour un archéologue, ça ne vaut rien.

L'âne revient. On peut être triste, a dit Lucrèce..., en revenant: il est même sévère; la tête basse, l'œil dilaté, l'oreille flasque. Après plusieurs HI HON, HON, *il regarde le manuscrit et prononce enfin ces mots :*

LE DRINN. — Qu'est-ce que c'est que ça, Tunis? Je connais vaguement ce nom-là. Encore une ville moderne? Un ramassis de choses vivantes et actuelles. On ne peut écrire là-dessus qu'un livre déplorable. C'est effrayant de laisser-aller. Autant faire un traité sur le Bas-Meudon.

L'AUTEUR, *faisant la grimace, puis se rappelant que c'est la règle au casier de Papa-Frisquette de n'être pas courtois.* — Mais enfin, messieurs, je vous en supplie, renseignez-moi Je deviens sombre au milieu de tant de prodiges. Qui est-il ce grand juge? D'où?

BOUVARD, *clignant de l'œil à l'auteur, en*

souriant. — Avouez d'abord que c'est très fin cette allusion au Bas-Meudon.

Il fait quelques pas et se recueille.

Son histoire? Ah! ah! elle est miraculeuse, son histoire! Ecoutez bien... Un mystère profond entoure sa naissance. De quel pays? on l'ignore. Mais à l'âge de quatre ans, on le retrouve parcourant les plaines de Mésopotamie et déjà doué de l'élocution humaine. Les Révérends Pères de Mésopotamie, frappés d'un don si rare, voulurent faire de Le Drinn un âne ecclésiastique, en un mot un saint âne. Il croissait en sagesse et en Assyriologie, broutait l'herbage, absorbait par le flanc les inscriptions des cippes et des stèles, car il s'y frottait sans cesse, et il évoquait le temps où les Himyarites écrivaient avec des têtes de clous... Dans ce séminaire il resta une année... Mais le second printemps... — Que vous dirai-je? Vous n'êtes pas de ceux, je suppose, qui confondent encore les béliers et les moutons?... Bref, il scandalisa les Révérends Pères de Mésopotamie par la violence de ses mœurs prolifiques... On le rencontrait çà et là dans une posture..., monsieur. Mais je n'insiste pas.

L'Auteur. — Oui, je comprends. C'est le proverbe antique, tout à l'heure mis en action : ASINUS ASINAM AFRICAT.

BOUVARD. — N'oubliez pas que c'était en Asie. Défiez-vous du latin : ce n'est qu'un moderne honteux. En un mot, la voix de la nature parla plus haut que le bréviaire des Révérends.

L'AUTEUR. — Dévergondé à Babylone en ruine, quel retard ! mais c'est un âne...

BOUVARD. — Parlons plus bas encore, nous pourrions le troubler. Il lit ; l'entendez-vous ?... Donc..., obligé de quitter ce couvent de Mésopotamie, le dégoût lui vint de l'herbage monacal et il voulut entrer dans la vie civile. D'âne ras, je veux dire tonsuré qu'il était, il laissa pousser tout son poil afin d'être plus digne d'apparence. Il se rendit à Paris pour s'enrichir avec sa science assyriologique. Il se faisait fort de réfuter d'un coup de sabot quiconque ouvrirait la bouche sur l'Orient. Pour vous donner une idée de sa puissance, sachez que, pendant le trajet de Bassora à Marseille, sur le paquebot, il ne découvrit pas moins de 333 contresens dans la traduction, jusque-là reçue, de l'*Ecclésiaste*, prouva que la sagesse de Salomon avait une signification tout autre, et ajouta de son propre style, en cananéen, une suite naturaliste au *Cantique des Cantiques*, pur chef-d'œuvre dont la lecture faillit affoler Zola et, de dépit, l'obliger à changer de genre.

L'AUTEUR, *apercevant l'âne prodigieux qui pile son manuscrit à coups de sabots.* — Dites-moi, M. Bouvard, est-ce qu'il est ferré, votre ami ?

BOUVARD. — Sur l'Assyriologie, monsieur ? Oh! durablement !

L'AUTEUR. — Non, mais ferré, ferré au fer ?

BOUVARD. — Ce serait une injure, pour lui ! Autant vaudrait le crucifier ! Sous ses pieds délicats il porte des rosettes et des rubans d'honneur que lui ont décernés les principaux gouvernements.

L'AUTEUR, *poussant un soupir.* — Allons, continuez, M. Bouvard, je veux tout savoir.

BOUVARD. — Or, présenté à différents personnages du Tout-Paris, cet âne phénoménal se fit bien vite une situation hors ligne et haut la patte par la franchise convaincue de son langage. Le Faubourg Saint-Germain se plut à entendre frapper sur ses parquets les quatre sabots de cette bête si humaine ; ils rendaient un son de bottes de gendarmes et faisaient des enjambées d'huissier, parodie marchante de la justice qu'il infusait à ses jugements. Les hommes les plus spirituels, fatigués de causer, adoraient l'entendre braire. On délaissait Dumas fils et Pailleron. Jadis il eût éclipsé Rivarol. Il ruait dans les tasses de thé qu'on lui offrait, d'un coup de tête enfonçait la poitrine des plus authentiques douairières, répondait aux compliments par de vastes pétarades, et à certains rendez-vous par des crottins de forme araméenne. Les salons de la haute bourgeoisie voulurent, par imitation, le posséder à leur tour. Les jeunes femmes l'appelaient, à cause de la rusticité charmante de ses épaules, « mon petit bœuf, mon ours tout en pattes »..... Le sémitisme de sa science et son passage rapide dans un séminaire, vite quitté pour briller dans le siècle, lui attirèrent la protection du seul joueur de harpe que nous possédions sur les mélodies de l'*Ecclésiaste*. Oui, Le Drinn a eu l'honneur de concerter avec ce grand évangéliste; ils ont pincé la harpe de David, à deux mains et quatre sabots.

L'AUTEUR. — C'est étrange, tout de même, que la main de M. Renan l'ait choisi pour faire la basse dans ces duos bibliques.

BOUVARD. — Mon Dieu, la main.... je ne le jurerais pas.. Il l'a peut-être choisi avec son pied. Vous savez que M. Renan monte beaucoup à cheval pour le moment.

L'AUTEUR. — Oui, je sais, il a fait partie des dernières *mutations attrayantes*. On l'a nommé professeur d'équitation religieuse à l'Ecole de Saumur, en même temps que Mlle Rosita Mauri, de l'Opéra, commandante du Transatlantique LA TOURAINE, — 99.000 chevaux-vapeur sans compter les petits chevaux....

BOUVARD. — Et j'apprenais hier matin, par le journal, que ce système des échanges de compétence a paru si excellent, que dans toutes les sphères, on l'imite. Plusieurs jeunes aveugles viennent d'être officiellement promus capitaines de bateaux-mouches, quatre sourds-muets, professeurs d'éloquence sacrée au conseil municipal, et demain les anarchistes doivent s'assembler pour offrir la présidence de leur comité exécutif..... à Mathieu de la Drôme, le père de l'Almanach! Mais ce que vous ignorez sans doute, c'est que M. Renan fut le conseiller, et Le Drinn la cause occasionnelle de ces transformations. Sa voix d'âne était si pure et si magnifique en interprétant les psaumes, que le célèbre académicien obtint pour lui une place de maître de chapelle au Louvre. Le même jour, un étalagiste de Paris que vous connaissez bien, M. Papa-Frisquette, jaloux de s'illustrer dans cette révolution nouvelle en s'élançant sur la voie de l'ironie.... fructueuse, résolut de prendre Le Drinn pour son lecteur ordinaire... De ce moment, les jeunes auteurs et les dames sentimentales qui se font imprimer, défilèrent humblement devant ses quatre pieds. Pour accepter un roman parisien, il exigeait qu'il fût conforme au Livre de Job, un voyage, dédié à Balkis, reine de Saba, toute ballade terminée par un envoi à Michée, le prophète, et les pièces de théâtre, se dénouant par l'arrivée de Jonas et d'Habacuc. De ces rapprochements ingénieux, quelle critique spirituelle, révélatrice, je vous le donne à penser! Nul poète n'osait en appeler de ses sentences, car le mystère des mètres, le charme des cadences, il a l'âme bien préparée à les sentir: n'a-t-il pas composé une « *Notice sur quelques noms Palmyréniens?* » Quel auteur a de pareils titres au respect? On peut dire qu'un âne a feuilleté le Tout Paris pensant. Tenez, voyez là-bas, comme il est gentil, quand il feuillette!......

Jusque-là il n'était qu'âne prodigieux, mais, un beau jour, il se révéla âne génial... Oui, monsieur, quand il avait gratté la terre de son pied, on découvrait là, aussitôt, un fragment d'inscription gallo-romaine; l'endroit qu'il choisissait pour.... ses besoins, recouvrait les débris d'un temple pélasgique. C'est à la suite de ces triomphes que les rosettes étrangères et françaises tombèrent comme fleurs sur sa personne. Mais il a compris, dans les ruines de Palmyre, la vanité des distinctions : il les porte donc seulement à ses sabots, en guise de mitaines. Il a fallu, monsieur, que nous payassions, Pécuchet et moi, notre pesant d'or à M. Papa-Frisquette, pour arracher Le Drinn, quelques semaines, à son admiration jalouse. Et encore il nous le réclame journellement : son casier croule, la littérature jaunit; sans Le Drinn, plus de lettres!... Nous allons repartir.... non sans conquêtes immortelles, Dieu merci! Voyez ce serpent tanné que porte en sautoir Pécuchet; c'est le grand python de Salammbô. Le Drinn l'a découvert en binant la terre avec sa mâchoire. Ce casque de bronze, sur ma tête, servit à Enée. Enfin, là, ce bois à demi consumé provient, relique admirable, du bûcher où Didon se donna la mort.... une seconde fois, pour Iarbas. Chut, chut! il reparle....

L'âne le Drinn pose ses pieds de devant sur le manuscrit et prononce textuellement.

LE DRINN. — Tunis a un paysage historique. Quand on n'est pas pénétré de la pensée de Carthage, qu'on ne peut ressusciter dans son imagination, le vieux peuple de Hanni-baâl, on ne doit pas prendre le cadre dans lequel les puniques ont vécu.

L'AUTEUR. — Écoutez, messieurs, je me réconcilie, je me prosterne... Salomon n'était qu'un roi de sagesse, Le Drinn en sera fétiche.

Se tournant vers l'âne.

Vous prétendez donc, monsieur l'Assyriologue, que les Carthaginois vivaient dans un cadre. Soit. Cela prouve qu'ils aimaient encore plus que nous à s'exhiber. Mais alors je vous propose une énigme... Savez-vous si, près du cadre, il ne reste pas trace du tableau? Ah! ah! voyons!... Eh bien, *La Goulette*, monsieur, n'est qu'un vestige de *margoulette*, c'est-à-dire face, figure, parce que Carthage, enfermée dans son cadre, se mirait dans la mer. La barbarie du moyen âge n'a pas compris ce mot punique; elle a traduit par *mer du goulot*, ce qui est une inconvenance en parlant d'un visage historique.

LE DRINN. — Cette étymologie est presque parfaite : je l'adopte. A mon avis, c'est ce qu'il y avait de mieux à mettre dans votre méchant livre. Mais, à votre tour, maintenant, devinez... Savez-vous d'où dérivent Bouvard et Pécuchet??

L'AUTEUR. — D'où? mais... de France, je crois, de Rouen en passant par Flaubert...

LE DRINN. — Pas du tout!... Ils plongent par la racine dans le sémitique. Pécuchet doit se lire *Bicoucha*, ou « avec le four », parce que sans moi toutes ses fouilles rataient, — et Bouvard signifie *Bou-fard*, « l'homme seul », parce qu'il n'est pas marié...

BOUVARD ET PÉCUCHET, *ensemble*. — Hein?! On en reste ébloui! Mais puisque vous appréciez la science des noms, attendez, il va vous en dire de palmyréniens (*A l'âne.*) Approchez, vieil ami, venez qu'on vous félicite. Comme on vous aime, mon petit Drinn! Récitez-nous vos noms palmyréniens.

L'AUTEUR. — C'est un monologue?

PÉCUCHET. — Si Coquelin l'entendait, il n'en voudrait plus d'autres. Une évocation des temps Séleucidiens, un *lamento* d'Assyrie!

Le Drinn a quitté la pierre du temple de Cérès. Après quelques gambades, il s'assied sur son derrière et fait le beau.

LE DRINN. —.... Lischmasch, fils de Lischmasch, fils de Thibol, c'est-à-dire Héliodore...

BOUVARD. — Ah! je les connais ceux-là. Pendant qu'il vous les dira, je vais faire une fouille à l'endroit où il était assis. Je soupçonne quelque chose dessous...

L'AUTEUR. — Il a donc le fondement enchanté?

BOUVARD. — Mieux que cela, il l'a perspicace, divinatoire! Je fouille et je reviens......

LE DRINN *continuant*. — Fils de Zabdibol et père de Zaribola, Refabol, Abdiço, Odaïnath. Annubath, fille de Diçiç... Il est infiniment probable que dans la cassure de la pierre se trouvait un guimel.

LES AUDITEURS. — Ça ne fait rien, Le Drinn, continuez...

LE DRINN. — Péphélus qui joua le rôle illustre de Prostate, fils d'Arçou et père de Belschour, qui veut dire « Bel est mon mur », Demê-rabbuthi ou « prix de ma souveraineté », fils d'Aglibol, divinité lunaire, et père de Spasinou-Kharax qui épousa Zénobie et régna dans Palmyre.....

PÉCUCHET, *prenant à témoin sur sa poitrine la peau de serpent*. — Ah! c'est beau et profondément séculaire!... Quel est l'orgueilleux qui se flatterait d'en trouver le sens? Moi-même, je ne parviens encore à les répéter qu'en m'aidant d'un vil moyen mnémotechnique.... Lèche-miche, fils de Liche-mèche, fils de Guibolle et de Faribole, Rêve-à-Paul, A-p'tits-sous, Demi-rabruti, qui avait un guimel probablement dans la cassure, fils d'Un-peu-Phélus, et père de Bassine-ou-Carcasse, divinité lunaire qui épousa Palmyre et régna dans Zénobie.....

LE DRINN, *soupirant et brayant.* — Comme la mnémotechnie déforme et met un sens aux plus belles inscriptions! Hélas, l'ignorance des élémentaires!

PÉCUCHET, *au loin, tirant sur quelque chose.* — Victoire! Je l'ai.

Il amène au jour une sorte de marmite.

C'est la cuve des libations à Cérès!

LE DRINN, *accourant. Il examine et prononce gravement.* — C'est le chaudron dans lequel Hannibaâl faisait des essais de vinaigre, je le jure!

PÉCUCHET. — Essais de vinaigre??...

BOUVARD. — Oui, pour faire fondre les Alpes et y déterminer des passages.

BOUVARD et PÉCUCHET, *ensemble, exaltés.* — A présent nous pouvons revenir à Paris. Nous sommes à jamais illustres. Le Louvre devra nous recevoir triomphalement.

L'AUTEUR, *cherchant*. — Et mon manuscrit? Ne l'auriez-vous pas, monsieur Bouvard, fait tomber dans la fosse en exhumant ce célèbre ustensile!

LE DRINN, *d'un coup de pied*. — Le v'là votre manuscrit. (*Il se met à valser dessus en chantant :* HI HON, HI HON, HRON.) Soyons brutaux, soyons brutaux, mais non sans élégance..... ganance.

PÉCUCHET, *soulevant la marmite*. — Ouf! elle est lourde.

BOUVARD. — Attends, je vais t'aider.....(*regardant au loin*) mais.... j'aperçois là-bas.... n'est-ce pas encore ce maudit espion du Bey qui nous a cherché noise pour avoir déterré le serpent de Salammbô? il nous surveille...

L'AUTEUR et PÉCUCHET, *regardant à leur tour*. — Mais non, c'est... parbleu, oui! Mgr Lavigerie!

SCÈNE III

Mgr Lavigerie. — Messieurs, je suis averti par un de nos serviteurs qu'entre autres découvertes intéressantes, vous venez de retrouver la marmite de mes Frères armés du Sahara. Un furieux coup de simoun l'avait transportée ici. Des habitants l'ont vue passer, mais depuis on avait perdu sa trace. Dieu soit loué! Ils sont si pauvres nos Frères armés! A la suite de cet accident, messieurs, ils en étaient réduits à faire la soupe dans leurs canons de fusils, ce qui est bien gênant même pour des gens sobres.

Pécuchet. — Permettez-moi de vous faire observer respectueusement, monseigneur, que cette marmite provient de la maison d'Hanni-baâl.

Le drinn, *interrompant*. — De quoi? Vous n'allez pas lui parler sur ce ton là, je suppose. Un archevêque? n'en faut plus! J'ai dit ça autrefois dans le *Voltaire*. Des calotins? n'en faut plus! Des séminaristes en Mésopotamie? N'en faut plus! Allez, l'évêque, demi-tour et rompez... Cette marmite appartenait à Hanni-baâl... Le bien de l'archéologie vous ne prendrez! C'est moi qui me suis assis dessus : je la flairais...

L'AUTEUR. — Pour le coup on peut dire qu'il a le sens devant derrière.

Mgr LAVIGERIE, *pleurant.* — Nos pauvres Frères! Dans quoi mangeront-ils maintenant?

Il s'éloigne.

Il va falloir qu'ils attaquent des caravanes pour en avoir une autre!

L'AUTEUR, *se rapprochant. Il porte sous le bras son manuscrit maculé, bouchonné.* — Messieurs, je vous quitte; adieu. J'aperçois le paquebot qui va entrer en rade, sur les flots de la Mar-Goulette. Utile m'a été ce voyage, puisque je vous ai vus entourés de tant de souvenirs puniques. J'arrivais en prévenu de lettres, je m'en vais condamné par l'impitoyable collaborateur de M. Frisquette. Il reconnaîtra sans doute sur ce bouchon de papier les traces signées de son critique.

LE DRINN, *se précipitant.* — Il n'est pas encore en état, le manuscrit! Donnez-le moi, que je bave dessus. Monsieur Papa-Frisquette croirait que mon mépris du moderne a faibli. Sans rudesse, voyez-vous, pas de bonne bouquinerie.

L'auteur s'enfuit à l'écart. Pécuchet regarde avec sa longue vue.

PÉCUCHET, *criant.* — Mais oui, c'est elle, la diva! pour la première fois à Tunis! Tout concourt donc à célébrer nos triomphes! Vive LA TOURAINE! Vive Rosita Mauri!....

SCÈNE IV

TOUTE A SON DEVOIR, SUR LA PASSERELLE, EN COTILLON DE MOUSSELINE, LA COMMANDANTE NE PARAIT PAS COMPRENDRE CES VIVATS. ON L'ENTEND DISTINCTEMENT DONNER DES ORDRES.

ROSITA MAURI. — Mouille!

L'ancre tombe.

Bouvard saisissant un porte-voix, la salue et parlemente avec elle, tandis que Pécuchet dressant sur un monticule une perche, signale à l'équipage, avec des mouchoirs de couleur, qu'on lui envoie une barque pour prendre les trésors exhumés des fouilles.

LE DRINN, *sur l'emplacement des bains de Didon. Il tire avec acharnement un morceau de cuir.* — Par Aglibol, par Péphélus, je l'aurai!.. *Bouvard et Pécuchet essaient de le raisonner pour qu'il embarque avec eux. Le Drinn résiste. Ils le prennent dans leurs bras et le portent jusqu'au canot, mais sa mâchoire tient toujours le ruban de cuir qui sort de terre, s'allonge indéfiniment.*)

BOUVARD, PÉCUCHET, L'AUTEUR. — Qu'est-ce que cela peut être? (*On rame. On accoste* LA TOURAINE. *La chose tenue en mâchoires ne cesse de s'allonger.*)

LE DRINN, *hissé sur le pont.* — Parbleu, c'est la peau de bœuf historique au moyen de laquelle Didon détermina l'enceinte de Carthage. Fameuse trouvaille! Et quelle conservation!

PÉCUCHET, BOUVARD — Ah! ah!

L'AUTEUR. *Il jette à l'eau son manuscrit.* — Malheur sur moi! J'aime mieux que Tunis ne soit plus, puisque Carthage revit tout entière.

LE DRINN, *sur le pont. Faisant des voltes.* — Soyons brutaux, mais non sans élégance, gan... ance...

Il s'approche des tableaux de la proue et y lit TOURAINE.

Qu'est-ce que TOURAINE? C'est vulgaire. Effaçons.

Il racle avec ses dents, puis prenant une brosse à un pot de couleur qui se trouve là, il la met dans le pli de son jarret droit et trace : TOUR-AHANA.

— A la bonne heure! Il y a un sens sémitique maintenant : TOUR-AHANA. Comme qui dirait « taureau de la dégradation. »

ROSITA MAURI. *Elle l'aperçoit de la passerelle.* — Comment? Que fait cette bête? Je ne veux pas qu'on dégrade mon paquebot, moi, na. Qu'on le réduise à l'impuissance!

L'AUTEUR. — Ce ne sera pas commode, mademoiselle. On a déjà essayé en Mésopotamie.

Les matelots se précipitent sur l'âne délinquant, et l'attachent avec la lanière de Didon, au pied du mât de misaine.

LE DRINN, *pleurant.* — Hi hon hi hi hon.

ROSITA MAURI. *Elle aperçoit parmi les bagages le chaudron d'essai d'Hanni-baâl.* — Qu'on lui couvre la tête de cette marmite.

Il continue à braire. Le jeu des treuils à vapeur en est troublé.

Bouvard et Pécuchet protestent. — Mais on leur montre le règlement à bord des transatlantiques.

SCÈNE V

ROSITA MAURI. — Qu'on se dépêche! Je m'ennuie dans cette rade, je veux repartir.

Elle bâille. Les passagers, amenés par la chaloupe, se hâtent d'embarquer. Ils s'approchent de Le Drinn, immobile et ficelé.

Plusieurs passagers. — Tiens? Qu'est-ce que c'est? On dirait une bête, c'est chaud.

Le 72e fils du bey, *il vient en France, passer son baccalauréat restreint.* — Elle doit bien souffrir d'avoir cette forme-là !

Le directeur du musée du Bardo. — J'ai vu autrefois, dans les Montagnes Rocheuses, l'ossature d'un animal antédiluvien peu différent, l'Atlantisaurus, long de 24 mètres, et qu'on était obligé d'enchaîner, parce que, étant squelette, il se défendait encore.

L'auteur, *saluant.* — Ne serait-ce pas plutôt, monsieur, le pou gigantesque à trompe-que-veux-tu, *Pedis insatiabilis?* Voyez cette couleur grisâtre....

Le savant directeur. — Dans ce cas, j'inclinerais plutôt à croire que c'est un oiseau, le cuistre à plume serpigineuse.... Mais il vaut mieux que la science doute sans se prononcer.... Hé, on dirait qu'il a le pied décoré, *pes decoratus* ?

L'auteur. — C'est qu'il a su se faire au pied de grue, *pes ornatissimus.*

ROSITA MAURI, *d'une voix claire, sur la passerelle.* — Vous y êtes, les Tribordais, les Bâbordais? Nos 99.000 chevaux sont-ils sous pression ? Tout le monde au guindeau ! Virez... ez !

L'ancre remonte. LA TOURAINE *se met en marche. A ce moment un coup de sifflet retentit.*

Stoppez !

LE SECOND DU PAQUEBOT. — Mademoiselle, la chaloupe revient à toute vapeur. Nous avons oublié quelque passager.

Des matelots rejettent par-dessus bord l'échelle ballante, et l'un descend pour soutenir :

SA SAINTETÉ LE PAPE, *noirci par le soleil, essoufflé, suant, les coudes percés, en tenue d'explorateur.* — Ah ! Messieurs, quel voyage ! quelle chaleur ! J'arrive du lac Tchad. J'ai visité soixante-neuf tribus de Touareg, cherchant l'encyclique à faire.... Rien ! Stérilité. Que de fatigues, Seigneur ! (*Apercevant Rosita.*) Tiens, une charmante étoile.... Et elle est capitaine ? Par exemple ! Mais je vais encycliquer un peu là-dessus !...

ROSITA MAURI, *sévère.* — Très saint Père, veuillez monter, pour m'être agréable, dans la hune de misaine. Aucun fait anormal ne doit se passer à mon bord ; je ne le souffrirais pas. Depuis que je suis dans la marine, je sais faire respecter les traditions.

Sa Sainteté monte dans les haubans et s'installe sur la hune.

Maintenant, Très saint Père, prenez votre oculaire nautique et observez l'horizon, comme si c'était l'avenir. La sécurité du bateau va reposer sur la vigilance de votre œil... Ambroise Thomas m'a promis qu'il s'embarquerait avec tous les élèves du Conservatoire sur son vaisseau de *La Tempête*, afin de prouver aux bourgeois réalistes et malintentionnés que ce bateau tenait la mer tout comme un autre.

LES PASSAGERS ET L'ÉQUIPAGE. — Hurrah !

ROSITA MAURI, *au second.* — A l'horizon, là-bas... quelque chose... Oui, je reconnais sa voilure... C'est M. Thomas.

LES PASSAGERS, L'ÉQUIPAGE. — Hurrah ! Hurrah !

SA SAINTETÉ, *braquant avec des efforts inouïs son oculaire nautique.* — Où donc ? On ne voit rien... Ah ! de mon temps, les bateaux se présentaient mieux que cela ! Aujourd'hui... Du reste tout ce qui se fait de nouveau est incompréhensible.

ROSITA MAURI. — Descendez, Très saint Père,

inutile maintenant; nous le suivons à l'œil. Je distingue les traits de Caliban...

SA SAINTETÉ, *vivement.* — Attendez! Je le tiens aussi ..

Le pape vise, de son oculaire nautique, un marsouïn qui fait des évolutions diverses. Attention! il vient sur nous... gare la collision! Cruel Ambroise Thomas! Nous sommes perdus... sauve qui peut!

Il s'évanouit. Les matelots le reçoivent dans leurs bras et lui expliquent que c'était un marsouin, qui a plongé sous LA TOURAINE.

SA SAINTETÉ, *revenant à elle peu à peu.* — Ah! la voilà l'encyclique à faire: *La Tempête* personnifiée par Ambroise Thomas émergeant du Calme personnifié par le marsouin... et, comme conclusion allégorique, Rosita, commandante, moralisant Caliban, monstre du Tchad, vaincu par les chœurs du Conservatoire. Ça y est mon encyclique!

LE DRINN, *sous la marmite.* — Il a l'air suffisamment archaïque... Si je le proposais, quoique pape, à M. Frisquette pour présider au roman moderne?... Moi, je me réserverais la poésie...

SCÈNE VI

LE BRICK *LA TEMPÊTE*, COMMANDÉ PAR M. AMBROISE THOMAS, ACCOSTE *LA TOURAINE*. LES ÉLÈVES DU CONSERVATOIRE SE JETTENT AUX GENOUX DE SA SAINTETÉ ET LA VÉNÈRENT.

SA SAINTETÉ. — Ah! mes chères petites, mes bons petits, quelle encyclique, je veux dire quel voyage!

LE DRINN, *sous la marmite*. — J'étouffe, j'ai faim... Hé la patronne, là-haut, sur le balcon, ce n'est pas l'heure du foin ?

LE 72e FILS DU BEY. — On a parlé là-dessous... Cette marmite a parlé.

LE DRINN, *voix sourde*. — Ah ! quand je serai rentré au Louvre, je m'en vais les annihiler, les danseuses, les musiciens, le Conservatoire, les hommes de lettres et les journalistes, qui ne reconnaissent pas là un Assyriologue enchaîné. Je vais prouver que le *Journal des Débats* est écrit en patois canaque, et que M. Renan a copié la *Vie de Jésus* dans un manuscrit de Tcheng-ki-tong... Que j'y sois au Louvre, ils verront! Si j'y étais seulement, au Louvre!...

LE 72e FILS DU BEY. — Louvre, Louvre ?.... Je connais ça... C'est dans mon programme... Ah ! *(déclamant)*

Et la garde qui veille aux barrières du Louvre
N'en défend point les oies....

LE DRINN, *sombre.* — A Paris, je vais continuer les fouilles chez Papa-Frisquette. Je veux découvrir dans l'œil des romanciers les poutres du Temple de Salomon !...

La TOURAINE *et la* TEMPÊTE *voguent de concert vers Marseille.*

Bien loin déjà « le cadre où les puniques ont vécu ».

TRIPOLI D'OCCIDENT

Sur une côte basse où la mer d'entre les Syrtes jette en tumulte ses vagues prolongées, — difficilement blanche au-dessus du sable rouge, pardevant un fond de palmiers drus qui ne paraissent verts que de plus près, Tràbles-el-Gharb, élégante par ses huit minarets à chapeau vert, massive par son château turc et ses murailles vieilles bâties dans l'eau, à la fois engageante par les eaux calmées de sa petite rade, et redoutable par ses forts neufs, ses cuirassés à l'ancre, surtout par sa garde d'écueils que nul n'ose franchir sans pilote, Tripoli de Barbarie surprend et s'exagère à l'esprit comme une métropole exilée en un pays stérile.

Mais une fois débarqué, on ne trouve plus trace d'élégance ni de majesté. Aussi bien on ne pense même pas à les regretter, devant les fonctionnaires turcs à grandes lunettes et au teint blême qui règnent à la douane, la cohue vociférante des poissonniers italiens, les portefaix de commerce, les nègres déchargeurs de houille qui chantonnent en peinant, et les jeunes Levantins très obséquieux, coiffés du fez, en veston collant, qui se mettent « tout à votre service » et vous fatiguent de leurs grandes salutations commencées au front, finissant par une allusion indécente.

Avant d'avoir franchi l'étroit terre-plein où tout ce monde se coudoie entre la rive et la porte de la ville, on a déjà oublié les promesses que l'orientale cité vous faisait de loin, en mer. La porte est encombrée par des soldats de garde, dont les armes brillent aux râteliers, sous la voûte. Les rues qui s'éparpillent devant les yeux sont laides et sans caractère, style arabe influencé par les plus vulgaires bâtisseurs italiens, portes en plein cintre, fortement verrouillées, au milieu de murs maigres qui s'élèvent de-ci de-là jusqu'à un deuxième étage, arcades peu utiles jetées en travers des ruelles, — une confusion de plans, de formes et d'aspects d'où ne ressort aucune tradition originale ; un peu de turc dans les mosquées, beaucoup dans les ouvrages militaires ; un peu d'arabe dans les rues hautes habitées par les juifs ; des essais de façades et d'alignements européens, — tout cela serré entre des remparts dont la base, en grand appareil, est antique, le milieu du moyen âge et le faîte moderne : Tripoli apparaît peu à peu comme un vaste entrepôt défendu par un camp, une ville de contact où des races diverses se rencontrent, superposent leurs traditions et se tolèrent sans se convenir.

Il n'y a certainement pas pour un Trablésien d'occupation plus honorable que le commerce. Cependant, à parcourir les rues, on ne se douterait pas qu'il y est très actif. Excepté quelques étalages de fruits et quelques petites boutiques où l'on vend des ustensiles de première nécessité, aucun magasin n'expose aux regards ces objets fameux dont les marchands de Tunis vous parlent avec respect, les plumes d'autruche, l'ivoire et la poudre d'or. C'est dans de tristes celliers à porte toujours close que les gros négociants les entassent.

Il faut bien qu'il y ait encore un grand trafic d'étoffes et de denrées, car on rencontre sans cesse des hommes de peine portant à deux des ballots entoilés. Leur manière de porter, inusitée sur les côtes d'Afrique, leur a sans doute été apprise par des nègres américains : d'une épaule de l'un à l'épaule de l'autre passe un solide bâton, du milieu duquel pendent des cordes fixées à un plateau de balance ; c'est là-dessus qu'on pose les ballots ; ils circulent, oscillant tout contre terre, entre les deux hommes, qui ne craignent pas de garder pour ce pénible travail, leur gilet fendu en as dans le dos, et brodé en clair.

Ces portefaix se rencontrent surtout dans le bas de la ville, non loin de la porte d'el Bahar. C'est par là que sont les magasins du haut négoce, soit dans la rue de l'arc de triomphe, soit dans une autre rue, en façade sur la mer et dont les maisons, — quelqu'unes habitées par des consuls, passent ici pour remarquables : moyennes maisons de province à vestibules mornes, qui n'aperçoivent la rade que des étages supérieurs, tous les rez-de-chaussée étant aveuglés par le rempart, de sorte que les cavaliers et les piétons qui longent cette fosse poussiéreuse, entendent les vagues clapoter, sans les voir.

Derrière, s'étendent les quartiers sans boutiques, murs blancs, portes basses, maisons sans fenêtres que rien ne distingue des murs, mais qui n'ont pas la régularité ni l'air de propreté bourgeoise des rues retirées de Tunis. Celle qui monte dans le quartier juif, traîne en son ruisseau, même par les temps de sécheresse, une fange noire, gluante d'écailles de poissons et de déchets de légumes, où patauge une population immonde, juifs pieds nus, au visage jaune de malpropreté, et dont les yeux rouges d'ophtalmie s'entr'ouvrent comme des blessures. Les demeures juives sont fermées avec moins de soin que les musulmanes. Aussi on peut apercevoir, par les portes, des femmes, — belles le plus souvent, parées d'écharpes de soie et de bijoux d'or, qui balaient la cour ou y font la cuisine, entourées de jolis enfants traînant à terre.

Quand on arrive à la lisière de la ville, les maisons n'ont plus devant elles que le rempart semé de ruines éboulées et de cavités à sa base. C'est la partie haute de Tripoli, située au sud. A côté des familles juives, et pas plus ornées qu'elles, on voit assises, sous des portes basses, d'autres femmes qui vous lancent au passage un regard sans sourire, un regard de volupté féroce dardé entre des cils peints, négresses dont le corps se devine nu sous une molle cotonnade rose, et qui dorment au soleil du matin, allongées en travers des marches ; mulâtresses à figure moins bestiale, mais moins douces de peau ; petites juives très jeunes, pâles et tombant de fatigue, débutant sous la protection de leur mère, sérieuse déesse cerclée de bijoux. Quelques-unes ont avec elles des bébés nègres qui dorment sur des nattes, sucés par les mouches. Ce sont les *quahab*, les prostituées. Leurs pommettes et leur menton violemment poudrés de rouge, leurs yeux effrayants d'éclat, surtout leur front luisant, étoilé de paillettes de fer-blanc, bleues, vertes ou jaunes, larges comme des centimes et qu'elles collent avec une goutte de cire, donnent à leur grosse face de génisses insouciantes un air de houris infernales prêtes à des amours carnassiers. Elles sont cependant de nature calme et aimante, s'attachent facilement, ont des enfants, et se tiennent avec décence, sans grimaces ni vilaines chansons, assises sur la natte sous l'ombre de leur porte, entre deux soleils, celui de la rue et le soleil qui, par derrière, retombe dans leur petite cour. Elles se permettent seulement de fumer des cigarettes, quand elles se réveillent. Le matin, des soldats turcs, sans argent, viennent s'accroupir en face d'elles, au pied d'ombre du rempart, et se contentent de les regarder.

J'ai rencontré souvent, dans ce quartier, le jeune Levantin, en veston à la mode, qui s'efface indignement contre le mur pour me laisser passer et me salue avec un plat respect: sa main touche son front d'abord, puis retombe trop bas, sur le ventre, en escamotant le cœur: « Si vou-avez bésoin de queque zoz... à votre zervice... »

Toute fermée, sans passants, rien qu'en murs et en portes closes est la partie arabe pauvre de la ville; les bébés qui crient avec persistance derrière ces murs mystérieux font songer à des êtres séquestrés qu'on égorge. Les maisons juives de tout à l'heure, seules remuantes, seules à égayer ces quartiers endormis, prennent dans l'impression générale une place considérable; on croit n'avoir vu qu'elles, et les tristes maisons musulmanes semblent être en petit nombre, quoiqu'il n'en soit rien. Sur les murs de ces rues désertes et les parties replâtrées du rempart, les enfants ou les soldats — je ne sais (mais tout soldat n'est-il pas un être replié vers l'enfance?) — s'amusent continuellement à charbonner des multitudes de navires à fumée ou à pleines voiles, de proportions élégantes et très habilement figurés — besoin de traduire une émotion neuve chez des soldats venus des provinces terriennes de la Turquie, invocation muette au navire qui les remmènera, ou simples jeux des enfants de Tripoli ; en tous cas, cette flottille amuse l'œil. Et comme elle révèle une naïveté, une éducation supérieures, quand on songe aux caricatures et aux gros mots dont les gamins d'Europe salissent les murailles ! Souvent dans une de ces rues mortes et blanches, on aperçoit la façade enfumée d'un four à pain. Les boulangers, nègres surtout, travaillent ici en plein air. Du matin au soir on les voit devant la bouche de leur four, qui s'ouvre, dans la rue même, sur un porche cintré, noir de suie. Quand ils enfournent, le manche de la pelle barre la rue et arrête les passants. Ils dorment sur le charbon en attendant la fin de la cuisson, ou bien d'autres nègres, leurs amis, viennent s'asseoir à côté d'eux dans la suie et former un cercle de conversation : il n'y a de blanc sous le porche que des yeux et des dents. Mais quand ils défournent, les petits pains ronds, lavés aussitôt avec une eau de safran, prennent la couleur jaune des flammes et exhalent une odeur fade de vapeur safranée.

Le plus grand nombre de ces pains sont apportés devant l'arsenal, à côté des souks et de la rue des détaillants, pour être vendus aux soldats.

Combien ils diffèrent de ceux de Tunis, ces souks tripolitains! Tunnels obscurs où les marchands, dans des casiers, ont l'air de bêtes fauves à l'affût, et dont le sol humide est plein de trous. Les cohues de soldats qui passent à certaines heures dans ces marchés étroits, faits pour les passants rares, étonnent. On comprend qu'une agitation toute moderne a été imposée à la vieille Tripoli, sommeillante dans le passé. La couleur et la coupe de leurs uniformes sont nouvelles, nouveaux aussi leurs sabres, leurs fusils, leurs baïonnettes, mais leur démarche de paysans libres, leurs allures indisciplinées, surtout le dédain de la tenue, — tous les coudes, les genoux déchirés — indiquent des hommes tenaces dans leur arriérement, — comme ce cadran qui sonne régulièrement les heures turques devant la porte de l'arsenal, en haut d'une petite tour de plâtre coloriée en bleu, et qui, différant avec nos horloges de six heures trois quarts, a l'air de dévider ses rouages en cherchant « midi à quatorze heures ».

* *
*

Les Français et, je crois, plusieurs autres peuples d'Europe, entendent par « oasis » un bois de palmiers plein d'ombrage et de sources qu'on rencontre tout à coup, comme un repos, parmi l'aridité des sables. Par malheur, les Arabes devant qui on prononce le mot, ne savent ce qu'il veut dire. Ils désignent leurs bois de palmiers tout simplement par : *el djenaïn*, les jardins. Un officier turc à qui je demandais comment les gens de Tripoli appelaient leur oasis, m'a répondu (avec la prononciation turque) *sanié*, tandis qu'on nomme *badiè* le désert de sable qu'on rencontre au delà. Quoi qu'il en soit, notre idée d'oasis trouve ici son application parfaite; on ne voit pas mieux ailleurs un bois de palmiers finir par une ligne nette devant une mer de sable.

Vue de haut, l'oasis de Tripoli a la forme générale d'une faucille dont la pointe tomberait dans la mer, à l'ouest, qui se courberait au centre pour faire place à la ville et se redresserait à l'est en un manche indéfiniment prolongé qui suit, le long du rivage, la route de Lebda. Il y a une porte qui s'ouvre dans le rempart sur la direction de l'ouest, vers le sud de la Tunisie par conséquent. C'est par là qu'il faut sortir de Tripoli pour trouver toute faite devant les yeux notre image classique d'une oasis.

Les palmiers, qui, aperçus de la mer, semblaient presser les murs de Tripoli, en sont éloignés en réalité de quelques cents mètres. On ne sort donc pas de la ville sous des verdures magnifiques, comme l'imagination aimait à se le figurer. On ne voit qu'un champ nu et poussiéreux où des enfants pauvres cherchent constamment des morceaux de fer-blanc parmi les ordures qu'on dépose là. La mer bleue, d'un bleu franc déchiré par une écume éclatante, sautille à quelques mètres plus loin, toujours agitée à cet endroit, parce qu'elle se heurte à la base des rochers en demi-lune, qui courent devant Tripoli. Là, des familles entières viennent souvent laver des nattes en les piétinant dans l'eau, puis les remportent processionnellement, roulées sur la tête — partie de plaisir hygiénique ou opération dernière de fabricants, je ne sais. — Plus loin, ce qui paraissait un pré à l'herbe courte est le cimetière des juifs, *djebbanet-el-hioud*, appuyé du côté de la mer à une masse de roches singulières, trouées comme des éponges de petites bulles crevées.

Puis commence une plage de beau sable, où viennent finir, en une pointe vaincue par les flots, les derniers palmiers de l'oasis, combattants d'avant-garde contre le vent de mer à leur crête et le sable à leur base. Les racines, carbonisées par le temps, se voient sous le sable mouillé, colonnes noires de charbon que le pied émiette au passage et qui entourent une *coubba* soigneusement blanchie, vedette impénétrable à quelques pas des vagues bleues.

L'idée religieuse que ce petit monument évoque prend vie, dure, s'accentue encore avec le sous-bois des palmiers qui remontent tout de suite la pente de sable, droits et nobles, les premiers à peine inclinés sous le vent de mer, espacés comme les colonnes d'une nef. Au faîte de la butte sablonneuse, ils rencontrent le fouillis de feuilles des premiers jardins, se mêlant aux figuiers et aux orangers. Sur le blond tapis de sable que rien ne souille, miroitant comme des éclats de pierreries sous certains angles de soleil, les lances d'ombre jetées par les palmes se promènent gravement à travers les ombres dures portées en lignes par les troncs.

On aperçoit derrière eux la fuite infinie du sable sous l'immensité du ciel. Très loin, sur un monticule, une sorte de fortin ou de poste turc dessine une toute petite ligne plus nette au-dessus des grandes ondulations du sable. Encore ne le verrait-on pas, car il est de la même couleur que le sable, si l'on n'entendait d'heure en heure des sons de trompette traînant leurs échos dans la plaine comme des appels de blessés...

Sous la nef de palmiers, devant la coubba, passent à tout moment des chameaux roux, noirs, ou gris roux; le tapis de sable sec est si épais et leurs pieds y enfoncent si profond, qu'on ne les entend pas, à moins que leur conducteur n'encourage leur allure recueillie de « *euch!... euch... ch... ch!...* »; il a l'air alors de leur imposer silence en traversant une cathédrale. L'ombre des hauts palmiers est si fugace et si maigre, que les chameaux paraissent plutôt criblés de flèches de soleil que caressés d'ombres. La voix des Arabes se répercute parmi les hauts fûts avec des résonances roulantes qu'on entend sous les monuments à haute voûte et à multiples colonnades. Les chameaux disparaissent un à un dans un chemin creux d'argile noire et coagulée en roches; leurs pas précautionneux, en descendant la pente, ont l'air de commencements de génuflexions. Ils disparaissent, gris, entre des monticules de terre grise, et reparaissent plusieurs fois encore dans l'éloignement, -- ou seulement la tête encapuchonnée du conducteur juché sur leur dos. Il a, dans ce pays-ci, une manière de sonder les environs, un regard découvreur d'embuscades qu'on n'observe plus chez les Arabes d'Algérie, car les routes de la Tripolitaine ne sont pas sûres, et les chemins présentent des creux, des plongées dans le sable coulant, des détours compliqués autour de buttes pierreuses qui demandent une circonspection sans relâche.

C'est en revenant d'une de ces buttes, qu'on peut avoir la sensation exacte de ce qu'est l'entrée dans une oasis : on quitte l'argile chauffée par le lourd soleil, on pénètre sous une belle futaie dont les palmes s'agitent au-dessus de la tête avec des gestes de protection ; au fond, les touffes de verdure promettent des sources cachées ; la petite coubba semble attendre des prières de la part des cœurs reconnaissants, et tout autour de ce refuge d'une fraîcheur relative, la morne étendue des sables déroule ses vagues à peine dessinées, qui boivent à même le plein soleil et rejettent immodérément sa lumière jusqu'au fond du ciel bleu. A la lisière des palmiers, le sol est creusé d'entonnoirs au fond desquels des fourmis-lions guettent leur proie.

Ces palmiers majestueux se dirigent, en une large avenue, non pas vers la porte de l'ouest, celle du cimetière juif, mais vers un point situé au sud-est, où s'ouvrent deux portes très rapprochées, les plus importantes de Tripoli après la Porte de la Mer: *Bab-el-Medina* (Porte de la Cité) et *Bab-el-Kheundeuq* (Porte de l'Égoût).

Quand le soleil décline, cette large voie finement sablée, bordée de palmiers qui s'alignent avec un certain ordre, reçoit du couchant des tons de cuivre rouge ou d'or sanglant. A cette heure-là seulement les feuilles des palmiers prennent une belle teinte verte, car à midi l'écrasante lumière tue leur couleur et les fait paraître grises. Leurs éventails lents s'agitent, plus utiles maintenant au-dessus des ombres plus longues; la verdure des pièces de blé voisines, qui paraissait terne au milieu du jour, se ravive et frémit au vent plus frais qui s'élève de la mer; tout ce coin de Tripoli qui était réduit au silence par l'implacable soleil sent son étreinte se desserrer; quelques oiseaux, pourtant bien rares ici, se montrent et parlotent sans chanter; des pigeons évoluent dans le bleu calme du ciel au milieu de rayons d'or chauds qu'ils semblent happer sous leurs ailes. Et sur la gauche, quand on rentre à Tripoli, le champ de la mer sillonné sans répit de vagues qui tressautent, moins bleue déjà, plus violette, s'élève sur l'horizon, par delà quelques maisonnettes roses encadrées de moissons très fraîches.

Alors les puits de Tripolitaine, hauts portiques dentelés de gradins, se mettent à chanter. Les énormes poulies mal rondes, roulent devant le fond pur du ciel, avec des à-coups, des mouvements décentrés sur les poutres de bois tortu où elles pivotent. Grises, couleur de vieux bois sec, ou noircies au goudron, elles s'agitent comme des ballons de sémaphore en détresse, au-dessus des couleurs gaies qui s'éveillent de toutes parts aux rayons du couchant. Leur plainte est tellement semblable au cri des mouettes, que plus d'une fois on cherche du côté de la mer l'oiseau qui passe..... Dans tous les puits arabes de grande dimension, ce ne sont pas des hommes qui tirent la corde, mais un âne généralement, quelquefois un bœuf, plus rarement un chameau. Le câble est attaché au cou de la bête, qui l'entraîne en descendant un plan incliné creusé en terre, sur un côté du puits. Quand elle remonte la fosse, pour la descente de l'outre vide, son allure prend une légèreté qui oblige la poulie à des roulades d'allégresse, de sorte qu'avec l'habitude on distingue, parmi tous ces chants de puits, les outres qui remontent, à leurs plaintes traînées, et celles qui redescendent vides, à leurs cris saccadés comme des rires.

Que l'œil suive la ligne bleue de la mer, ou l'avenue de sable, qui bientôt quitte les palmiers pour passer devant des maisons neuves et des portes de caravansérails jusqu'à Bab-el-Kheundeuq, il rencontre, à leur point de jonction, Tripoli, ramassée entre des murs inclinés du pied et dominant de haut les moissons, les champs bas de cimetières, qui forment les alentours. Blancs aux places réparées, certains bastions étant crénelés, d'autres à faîte lisse, — lépreux et gris, souillés çà et là par des tombées d'égouts, d'une couleur générale d'argile sèche, ils se penchent sur la ville, agrafent leurs angles sur elle comme les pièces d'une cuirasse bien jointe, tandis que plus haut encore, les huit minarets de forme turque des mosquées, tourelles rondes, fragiles et bien blanches, surmontées d'une pointe verte, se dressent comme des hampes courtaudes armées de pics de bronze.

*
* *

En face de Bab-el-Medina s'ouvre la longue voie qu'on nomme « marché du Ferronnier », et derrière elle, tracées plutôt que bâties, trois autres rues neuves parallèles. Mais auparavant le terrain s'échappe à gauche, tombe vers la mer, contourne deux cafés en planches, et se développe à l'est de la ville en une vaste plage de sable qui sert aux grands marchés du mardi.

La mer y est assez douce, maîtrisée par les rochers qui encerclent la rade. En croissant, autour de la plage, on aperçoit par-delà les murs blancs des rues parallèles, les entours de hauts palmiers de l'oasis. Une négligence qui ne peut être qu'orientale, a fait abandonner sur la rive, tout près de Bab-el-Medina, un vieux navire à vapeur, ensablé aujourd'hui, qui faisait le service une fois par semaine entre Malte et Tripoli, avant que les transatlantiques vinssent régulièrement de Tunis.

Il s'effrite à son aise, démoli un peu plus à chaque coup de vent. D'autres carcasses gisent encore, des caisses à eau, des membrures, varangues ou vaigrages; enfin, haute comme une église, montrant à nu sa carène depuis la quille, une goëlette anglaise, naufragée en 1888, a été poussée par une tempête, l'avant au dessus du chemin qui longe la plage. On a bouché ses crevasses avec des paillassons qui frisottent et crépitent à la brise sur ses flancs.

La plage continue jusqu'au pied d'un monticule qui porte les bâtiments de l'administration turque des tabacs. De temps en temps on jette à la mer les déchets des feuilles; elle les ramène souvent sur le sable à la lisière des vagues. Alors de pauvres soldats viennent y glaner du tabac, et même, après eux, des nègres moins difficiles encore. Il arrive que ce tabac est rejeté, par le flot, teint en violet, parce que les teinturiers de laine vont, au sortir des cuves, tremper là leurs écheveaux, si bien qu'on voit le sable descendre violet sous l'eau et les vagues déferler violettes.

Plus loin le rivage devient accore ; la route de Lebda remonte sur une petite falaise de sable. Là se trouve le camp de Pacha (*sand? el bacha)*, précédé d'un grand terrain carré qu'un mur de pierres sèches entoure, et où des plates-bandes fleurissent en broussailles parmi des kiosques : ce sont les jardins de la Division (*djenaïn el feriq*).

Ces kiosques élégants, à verroterie orange ou vert d'eau, où il doit faire bon, l'été, respirer la mer au milieu des guirlandes de vigne vierge, font un contraste pénible avec une immense devanture de caserne qui se dresse sur trois étages, à l'autre angle de la route de Lebda, et qui n'a rien que sa façade, les fonds ayant manqué pour édifier quelque chose par derrière.

Sur l'emplacement des chambres futures, encouragés peut-être par l'espoir d'habiter un jour ce bâtiment commencé, logent les soldats turcs sous des tentes de toile. On les rencontre toujours tristes de visage, allant un à un, quand il leur plaît, puiser de l'eau à trois puits qui se trouvent sur la plage, — avec une corde dévidée à bout de bras. Ils emplissent ainsi des bidons carrés de fer-blanc, dans lesquels arrive à Tripoli le pétrole, et rachetés d'occasion, les accrochent, avec une anse en ficelle faite par eux, à une bûche tortue qu'ils portent sur l'épaule ; d'autres se servent de vieilles bouteilles de champagne, ficelées au goulot pour les tenir. Il y en a aussi qui vont dans les chemins creux de l'oasis, montés sur un chameau porteur de tonneaux plats, prendre de l'eau à des puits plus abondants creusés parmi les cimetières, et dont le contenu doit être filtré sur des cadavres.

Plusieurs fois, je les ai aperçus rapportant des cuisines les rations que le gouvernement leur donne, vastes platées de riz fumant sur des disques de cuivre rouge, qu'ils soutiennent comme un plateau de balance, par les trois cordes pyramidant au-dessus du centre, tandis que çà et là des trompettes enrouées semblent traduire, par l'indécision de leurs airs, leur spleen infini. Oh ! comme on est loin des joyeux cris, des dégringolades plaisantes qui répondent, dans nos casernes, à la sonnerie de la soupe !

Ils rapportent leur riz sans allégresse, lourds et lents sous cette charge, comme s'il s'agissait d'une autre corvée. Il faut d'ailleurs qu'ils le partagent en quatre ou cinq portions ; la gamelle individuelle n'existe pas encore pour eux.

Un gras négociant de Tripoli me disait, un jour, en me les montrant : « Ah ! Ah ! ils sont contents, ces jours-ci !... Le Pacha leur a distribué des moutons à rôtir, à l'occasion des fêtes qui précèdent le Ramadan. » Hélas ! les grands pauvres, s'ils lui paraissaient joyeux, que m'auraient-ils paru, à moi, dans des jours plus lointains encore de ceux où ils ont mangé du mouton !

Sur des places sableuses qui forment le centre du camp, ils manœuvrent avec assez d'ordre et des mouvements peu différents des nôtres, mais sans pouvoir quitter leur démarche de paysans lourds, leur posture penchée en avant pour emboîter le pas. Nulle part cet entrain qui fait retomber les crosses et les mains toutes à la fois comme une seule. Ils gardent toujours la maladresse et le défaut d'ensemble des recrues. Vus de près cependant, ce sont des hommes robustes ; leur cou brûlé à découvert est nerveux, puissant ; les muscles des épaules se gonflent au moindre mouvement sous le drap râpé qui les étrique. On en voit quelquefois se baigner nus sur la plage ; ces corps possèdent une force d'ossature, une aptitude à l'effort prolongé qu'on ne trouverait pas facilement dans nos petites races fringantes et sans fond.

Après l'exercice, on voit les officiers revenir, sérieux, durs, avec leurs grandes lunettes bleues qui leur mangent le visage. Parfois, l'un plus gras, amateur de ses aises, monte sur les fesses d'un ânon, suivant l'habitude arabe, et trottine sans se gêner, les pieds rez la terre, en relevant son grand sabre courbe.....

Quand la musique militaire se met à jouer, les jours de revues passées par le pacha, les soldats sont formés en carré sur une de ces grandes esplanades de sable rouge. Cette musique ! on ne peut rien entendre de plus funèbre... Chaque instrumentiste a devant lui un pupitre sur un tréteau. La plupart des cuivres sont de forme ancienne, longs alambics, chaudières serpentines qui dépassent d'un mètre la tête des plus hauts Turcs. Et quand ces formidables machines se mettent à travailler doucement de petits airs campagnards, timides, traînants qui font flâner les trombones, nasiller les petites flûtes, youyouter par reprises les flageolets, et que la grosse caisse essaie de relever de loin en loin d'un coup de tampon, mais qui retombent aussitôt à leur ton malheureux, leur plainte en mineur coupée d'angoisses et de sanglots ; quand elles s'unissent dans le fredonnement indistinct d'un tutti recommencé à satiété, tandis que les coudes se levant pour approcher des embouchures, ouvrent leurs fentes et montrent la chemise, on croit entendre, derrière les sentinelles qui montent la garde, à la porte du camp, l'œil atone sur la mer qu'on voit, la plainte basse, non avouée, de toute une armée qui souffre, une explication bien humble, bien respectueuse, soufflée au pacha par tous ces infortunés, sur les airs niais qu'ils ont appris au village dans leur enfance, en dansant peut-être avec leurs petites amies turques, si loin maintenant par delà la mer bleue qui baigne Saint-Jean-d'Acre, Smyrne et Stamboul. Oh ! oui, tous pleurent, ils pleurent par cette petite musique simple qu'ils reconnaissent bien malgré les gros instruments où on la renforce ; ils pleurent au fond d'eux-mêmes des larmes qui redoublent avec des accès de désespoir, comme des enfants qui geignent sans pouvoir s'expliquer, et ils vous feraient pleurer aussi, infiniment, si l'on ne s'arrachait à cette scène de lamentation jouée sur une butte de sable, devant la mer bleue, dans un carré de troupes que les officiers passent en revue, un chapelet à la main...

* * *

Les chameaux qui débouchent des avenues de l'oasis, les ânons chevauchés par tout le monde, Arabes, Nègres, Turcs, femmes, enfants, riches ou pauvres, surtout les fiacres de louage, ce serait assez pour donner à la plage de Tripoli une animation constante, avec les bandes serrées de pigeons qui s'abattent en hélice sur les traces des bestiaux. Mais comment faire revivre, pour un œil qui ne les a pas vus, les fiacres tripolitains? Ces petits dais sur quatre colonnettes obliques, cette forme évasée par le haut comme l'étaient les chaises à porteurs du grand siècle, ou tout bonnement les brouettes italiennes des marchands de sorbets, leurs roues exagérées, leurs peintures crues et leurs rideaux de cotonnade rouge, indispensables aux musulmans qui promènent leur harem, mais que ferment aussi, par bon ton, les familles juives, pour se donner un air de mystère. Et ne croyez pas qu'ils sont traînés par des haridelles — non! les plus ardents, les mieux campés des chevaux de Tripoli, des chevaux de feu, des chevaux de luxe, emportent ces petites boîtes voletantes de couleurs, traversent la plage en quelques battues de galop, comme des palets lancés, se mouillant à la lisière des vagues, là où le sable est plus dur, et recevant sur la tête des bourrades de leur conducteur, qui court à pied le long du brancard en poussant des cris.....

La plage de Tripoli est parcourue à toute minute par ces charrettes effrénées, affolées, qui joutent de vitesse, — généralement deux ou trois ensemble (elles sont tellement petites qu'une seule ne suffit pas à une famille nombreuse). Ces courses vous arrivent sur le dos avec une tempête de cris, des hurlements en langues soudanaises, — non pas pour vous prévenir, mais pour exciter les chevaux. Quand on suit la ligne de mort des petites vagues, on ne sait pas par où fuir... dans la mer.., ou sur le sable soulevé en cyclone par les tourbillonnements des roues. Les courses finissent nécessairement à la montée de la route de Lebda, où les roues enfoncent dans un demi-mètre de sable, à moins pourtant que ces roues, qui titubent toujours désespérément, ne rompent brusquement leurs essieux : la charrette verse alors ou s'affaisse. Plus on est riche d'habits et prometteur de bons pourboires, plus l'allure dont on vous honore est exagérée, moins on est sûr d'arriver au bout de la plage. Cependant la pauvreté du colis n'est pas un gage de sécurité ; un jour, deux de ces voitures chargées de foin comprimé et conduites par des nègres, s'engagèrent dans une de ces luttes insensées, et, toutes les deux à la fois, brisèrent leurs essieux, s'asseyant à plat sur leurs roues et les chevaux sur le ventre. C'était leur manière, à ces nègres, de faire un service de transport pour le compte du gouvernement turc !

Dans le milieu du jour, aux heures où la plage est moins fréquentée, les *crarsy* (les cochers) rangent leurs fiacres, en face du steamer rouillé, près des cafés de bois. Ils sont là bien placés pour faire des offres à ceux qui sortent de Bab-el-Medina. — Contrairement à nos usages, ils font payer d'avance (à moins qu'on ne soit un personnage ou un négociant connu). Ils tendent la main et vous disent d'un ton assez insolent : « *Djib, djib* » (apporte, paie). Les nègres, comme toujours, sont plus affables.

C'est seulement vers cinq heures (au printemps) que commence la roulée générale des fiacres. Les bureaux, les grands magasins se ferment en ville ; le soleil est moins chaud ; on se répand sur la plage. Par-ci, par-là, une toilette de femme à la mode d'Europe, isolée, étrange, qui paraît taillée par une maniaque, au milieu des voiles amples, des étoffes simplement déroulées autour des femmes du pays. On voit quelques redingotes noires portés par des Turcs haut placés, des négociants considérables (très peu de stamboulines à petit collet serré), et accompagnées de pantalons, — de caleçons plutôt, en coutil blanc, avec des chaussettes apparentes au-dessus des pantoufles : un homme qui s'habille, — n'est-ce pas le symbole de l'Oriental, en retard pour prendre la complète tenue de la civilisation ? Beaucoup ont un air de bons pédants à face de Dante.

Les pantalons blancs étroits sont même portés ici par un certain nombre d'Arabes et de Nègres ; d'autres, de même coupe, mais bleus, par des juifs. Ils sont laids sur tous et disparates, étant la terminaison d'un costume qui est drapé largement sur la tête et les épaules. Cependant il est sauvé d'un ridicule absolu, ce pantalon, parce qu'il n'est pas accompagné du burnous, mais seulement du haïk, — blanc chez les riches et les citadins, brun, épais, terminé toujours par des franges longues, chez les nègres et les gens des campagnes lointaines. Et c'est un joli spectacle que ces luttes des passants avec le vent de mer qui jette les écharpes à bas des épaules, les fait claquer, les rabat autour des visages; ce sont occasions de gestes admirables, d'une patience et d'une noblesse que des Arabes seuls peuvent avoir, pour resserrer autour d'eux ces voilures de laine, blonde par transparence.

Les Trablésiens habillés du haïk le ramènent simplement une fois sur le crâne, — qui n'est pas amplifié, comme chez les Algériens, par une pile de *chechias*. Les proportions de leur costume en sont bien plus belles ; l'ensemble formé de chutes d'étoffes sans couture est tout à fait l'image du costume grec d'autrefois. La tête allégée de cette cuvette de ficelles, si commune à Alger, porte simplement une calotte de calicot blanc surfilée de dessins. Les gens de la campagne, venus de Zoara, Lebda, Masràta, ou même de Ghourian et des hamadas, se servent de ce bonnet sans l'entourer de haïk, mais en l'enfonçant sur les yeux ; il tient alors le milieu entre une casquette à visière et un bonnet de coton sans mèche. Beaucoup d'Italiens et de jeunes employés turcs s'affublent de la casquette de voyage anglaise, en drap à carreaux.

Les Arabes passent, mais se promènent peu ;

seuls les Turcs, les Italiens, les Grecs, les Juifs riches. A côté des officiers, qui font bande à part, des soldats qui musent en traînant leurs pieds nus dans des savates, on remarque bien des allures et des visages curieux : ce sont des musulmanes, qui ont comploté sans doute contre l'immuabilité de leur costume et viennent exhiber des ombrelles chatoyantes, violet cru ou rouge sang, qu'elles ne savent pas encore tenir ; quelques-unes remplacent déjà le hideux mouchoir sombre ponctué de blanc, à la mode ici comme bandeau de figure, par un crêpe noir transparent. C'est un vieux fonctionnaire turc, chenu, l'œil vitreux, qui suit tout seul le bord des vagues, à l'écart, tortillant son chapelet, — ou un jeune élégant à la mode de Stamboul : fez de couleur discrète, bottines vernies, en vêtements gris clair coupés à Londres, le profil aigu avancé d'un long nez turc, la mine blême, avec un air de séminariste vicieux; il tient un bouquet de roses dans la main gauche, un chapelet dans la main droite, et lorgne impertinemment les femmes qui passent, surtout les négresses, voilées à la diable et dont les bonnes lèvres d'enfant toujours entr'ouvertes semblent être le produit héréditaire du bâiller d'étonnements devant tout et du rire inextinguible. — Puis, deux petits Levantins, fils d'officiers peut-être, conduits par un précepteur nègre : ils font penser à deux marionnettes jumelles : redingote à ceinture, pantalon-étui, taillés dans de la perse jaune à ramages, un tarbouch solennel sur leur petit crâne, des souliers bien cirés et l'œil coquet. Quelquefois, une surprise qui vous charme, une de ces naïves idées de costume dont le souvenir ne s'effacera plus : un jour, deux fillettes d'une douzaine d'années, vêtues de blanc, n'avaient qu'un haïk pour elles deux ; elles s'étaient entortillées chacune dans un bout de l'étoffe, s'enroulant ou se déroulant selon les besoins de leur marche, et elles se tenaient par la taille, leurs têtes appuyées l'une contre l'autre !

Pour cacher leur visage, la plupart des Trablésiennes ne pincent point l'étoffe sous leur menton, mais elles tirent à gauche, le bras demi déployé, les deux lisières de la melhafa, laissant ainsi une fente longue à leurs yeux ; elles marchent avec cette pose, le bras gauche étendu hors de l'épaule. — Ou c'est un nègre fier qui s'avance, savourant encore la vanité neuve de se sentir habillé, muni des deux ustensiles qui sont acceptés d'abord parmi toutes les offres de la civilisation, un fusil en bandoulière et un gros parapluie dans la main. On se croise aussi avec des groupes qui reviennent d'une fête de famille, dans l'oasis : les enfants gambadent en maniant des armes extraordinaires, des fusils rouillés, des tromblons à gueule de cuivre, des pistolets auxquels on met le feu avec une mèche.

Au milieu de tous ces piétons, les écartant avec des cris, filent les *carrousas*, les fiacres regorgeant de familles entières, femmes voilées, enfants plaqués d'or, qui vont à leurs jardins, sous les palmiers ; tandis que les chameaux ont l'air de compter leurs pas, montés par des hommes à visage rouge, qui ont derrière le dos un fusil long comme une perche ; que les petits ânes galopent, chargés de femmes souvent ; ou qu'un cheval, enfourché à cru par un bébé minuscule, est lancé par lui, sans peur, à fond de train. Quand les ânes vont le dos nu, leur échine écorchée apparaît comme scellée de cachets rouges.

C'est l'heure aussi où le pacha sort en sa voiture, qui est un simple cabriolet poussiéreux, aux lanternes désargentées. Quatre cavaliers ternes, quoique moins déchirés que les autres, l'escortent.

Ils suivent, sur de petits chevaux très ardents, la carabine debout devant la selle. Le passage de cette voiture détermine tout le long de la plage, parmi les officiers, un beau geste des mains droites qui touchent le cœur, la lèvre et le front pour saluer. Ceux qui le font vite, posent seulement les doigts sur le front qui s'incline, comme font les chrétiens dévots pour un signe de croix componctieux.

Quelquefois un cercle se forme, bien maigre, car la badauderie n'est point un défaut arabe, autour d'un nègre bouffon, affublé d'un jupon de lames sonores qui font castagnettes, et masqué d'une de ces têtes effrayantes fabriquées au Soudan, la bouche et les tempes constellées de cauris, les moustaches hérissées autour d'une lippe sanglante. Il danse, le pauvre bouffon, en frappant sur un tambourin avec un os, fait toutes sortes de singeries que les Arabes regardent avec un sourire arrêté par le mépris, contrefait l'ivrogne, l'insensé... Quand personne ne s'arrête, alors il est lamentable, espace des coups funèbres sur son tambourin, rôde, pour les amuser, autour de gens qui détournent les yeux, dansotant toujours, la jambe levée comme les flamants, — une marche qui tient du titubement et du steppement, des lacets coupés de pirouettes. Il a une petite femme, une négresse potelée, tête ronde et frisée d'enfant. Par moments, elle se met à jouer avec lui une pantomime grossière; elle fait semblant de l'abandonner, parce qu'il est ivre : elle n'en veut plus, va chercher un autre maître, et, pour cela, flaire les assistants, les compare, vient à la fin s'appuyer sur l'épaule de l'un d'eux, le plus souvent un des soldats turcs, qui tolèrent ces plaisanteries mieux que les Arabes en burnous. Tantôt, avant de s'appuyer, elle tourne en flairant, la tête déjà prête à se coucher, le torse encore debout, avec la sinueuse allure d'un animal qui va s'étendre, et finit par tomber de la tête devant les pieds du soldat, ce qui veut dire qu'elle devient sa chose, sa bête femelle. Lui, la prend, la caresse, la déshabille un peu, fait mine de l'emporter; mais elle remet bien vite à son mari les sous que cette comédie lui a valus. Ce mari nègre ne se fâche pas; il préside aux caresses, en les scandant sur son tambourin. J'ai eu le malheur, de lui donner un sou; depuis ce temps, il accourt dès qu'il m'aperçoit, m'entoure d'une danse de cannibale et me fait, de tout près, des révérences qui m'empêchent de marcher, en levant les bras au ciel, comme devant une divinité, et fredonnant une litanie singulière : « *Ia counsou, iâ counsou, ia counsou, counsou* » (O consul, ô consul). C'est le terme du plus haut respect à Tripoli.

Quand la nuit arrive, il n'y a plus sur la plage que les chameaux entremêlés d'ânons des marchands d'herbe, qui la vendent par petits tas, au pied d'un grand mur blanc qui enclôt le marché de l'halfa : ils vont s'en retourner, s'ils ne demeurent pas trop loin.

D'autres qui viennent tard, chargés de bottelées d'halfa,[1] passent la nuit sur la plage. Beaucoup d'entre les conducteurs tiennent à la main un bâton, dont la tête à courbure large était à la mode chez nous, il y a deux ans. Cette ultra-mode anglaise est bien drôle dans la main des bédouins de Tripolitaine! Soit habitude, soit défiance, ils placent leurs chameaux en rond, les têtes vers le centre, en forment un rempart de guerre, au mi-

1. Il faut écrire *Halfa* avec un *h* pour désigner l'herbe textile. *Alfa*, sans *h*, est le nom de la petite rainure qui suit un noyau de datte, dans la longueur. Les Arabes vous reprennent scrupuleusement à propos de cette erreur.

lieu duquel ils veillent couchés sur leurs interminables fusils. Du côté de Tripoli toute proche, aucun reflet d'éclairage; à peine quelques lanternes à la porte d'El-Medina. Seul, le phare français, construit depuis peu, promène un cercle de lueurs jaunes sur quelques hauts de maisons, puis s'éclipse pour longtemps..... Et le ciel de Tripolitaine, éveillant peu à peu dans ses profondeurs son bleu de nuit, paraît tomber tout près au-dessus des têtes, scintillant de ses millions d'étoiles larges et vives, ayant des phases d'éclat qui semblent être des signaux entre elles.

Les cafés en bois du bord de la mer s'illuminent de nombreuses lanternes; les bancs au dehors se couvrent de monde; les officiers turcs y viennent suçoter leur narguilé (il y en a, pour les habitués, deux vitrines pleines, qui font un étalage singulier). Mais alentour, le *Souk-el haddad* et le marché aux pains restent plongés dans une obscurité profonde.

A l'ombre du bastion de Bab-el-Medina, sous une lanterne scellée de travers au mur, un Arabe aveugle demande l'aumône, son burnous balayé par le violent courant d'air que les flots lancent sous la porte. Sa voix rauque se fâche un peu, quand la faim le talonne; il s'affaisse alors tout à fait dans le ruisseau, met sa poitrine à plat sur le sol, et continue à demander: *Ikram mta Allah!* (Générosité de Dieu!) Mais sa gorge rugueuse met des *a* partout et râle: *iâ âkârâm âmtâ âllâhâ;* ou bien il invoque un saint et l'on n'entend que: *Iâââ l'al-là...sidi abd-es-selam, iâââ lal'la!*

Cet aveugle à qui personne ne fait attention, tout seul, la nuit, dans un pan d'ombre sous la lanterne qui va tomber, — la peau nue dans le vent, malgré ses haillons de burnous, et qui, encore un peu homme, lutte avec la faim comme une bête traquée, en parlant à son dieu, m'apparaissait l'unique héros de Tripoli, plus vainqueur par son mépris de la souffrance que tous les pachas qui régneront jamais dans le *Seraï-el-bachaouat*, le palais des pachas, au pied duquel il mendie.

*

C'est un privilège de pouvoir contempler le plus grand des marchés du mardi, celui qui, une fois l'année, dure huit jours et précède le Ramadan.

J'ai été assez heureux pour pouvoir assister aux trois dernières journées de cette assemblée, unique sur la côte barbaresque d'Alexandrie à Tanger, puisqu'elle montre tous les types d'hommes et d'animaux, toutes les productions, les costumes, les langages de province, les préférences et les coutumes de commerce d'une vaste région impénétrable jusqu'ici aux Européens, comme une exposition réduite où les gens les plus rebelles à se laisser voir viendraient d'eux-mêmes s'exhiber, poussés par la passion du trafic.

C'est un grandiose, c'est un émouvant spectacle, qui vaut à lui seul toutes les curiosités de la ville, que cette plage remuante de dix mille burnous blancs, ces dix mille têtes dépassées par les hautes encolures de chameaux et les pitons de tentes grises, et d'où sort une rumeur basse, un écho de ventre qui lutte avec les clameurs de la mer, tonnant ses vagues sans marées tout au bord des rangées d'étalages. Jusque dans les chemins de l'oasis, assez loin, le vent apporte ce grondement à deux voix de la mer et du marché, où éclatent par intervalles des bruits de déferlements qui rebondissent, et des appels criards. Mais, quand on pénètre dans cette mêlée, les voix, les bruits se séparent, se simplifient, se fixent par quartiers, et font deviner, à quelque distance, avant qu'on les ait vus, les genres de métier, les spécialités de commerce, les cantonnements de bestiaux.

Au fond de la plage, vers la route de Lebda, se tient le marché des animaux, rangés avec assez d'ordre, quoique chacun ici fasse à sa guise et n'ait à obéir à aucun ordonnateur d'emplacement. Les chevaux sont entravés le long du mur des jardins de la Division, les deux pieds du même côté noués à une corde qui se prolonge par un bout tenu en main.

Ils portent un tour de cou d'étoffe brodée, ou un ruban large lamé d'or, — souvent des glands au frontal et le long d'une courroie lâche, qui bat entre les jambes de devant jusqu'à la sangle du ventre. Les étriers, évasés aux entrées, sont larges et peints au vermillon par-dessous.

A côté se réunissent les propriétaires de vaches et de taureaux, vaches maigrelettes aux trayons pareils à des doigts d'enfant sur une mamelle de femme ; taureaux à cornes droites, minces et courtes, d'autres à petites cornes recourbées en arrière. Ils sautillent sur trois pattes, la quatrième étant repliée au genou et ligottée ; les plus rétifs ont même les deux genoux ployés, et ils se tiennent déprimés de l'avant, les deux moignons à terre, soufflant et beuglant : on dirait un troupeau boiteux jouant à la marelle.

En s'éloignant encore vers la fin du marché, on trouve les chameaux à vendre, confusion de cous qui s'entremêlent, se frottent, se nouent, s'insurgent, se redressent avec des airs d'arrogance au-dessus de qui les marchande ; groupes instables qui s'affalent par terre à tout moment, y font une spirale de leur cou, et sur lesquels résonnent les bâtons.

Les chamelles pleines, très calmes, promènent leur ventre de vieux cuir gras, énormément distendu, sur lequel on ne frappe point et qui roule comme une outre. Ceux qui ont des gourmes liégeuses aux naseaux tendent le nez et grimacent comiquement, comme des enfants qui demandent à être mouchés.

Élégants, soignés, timides, l'encolure faisant des grâces, les chamelons (de vingt jours à deux mois environ) d'un blanc rosé, couvert d'un duvet que le vent veloute, sont pareils à des autruches par leur pelage plumeux, leur dos en dôme, les torsions latérales de leur cou et leur brusquerie d'oiseaux ; ils portent à la queue ou à la base du col un brin de laine rouge pour avertir qu'ils sont à vendre. Les tout jeunes ânes, moins distingués d'allures, mais l'œil plus affectueux, ont aussi ce fil rouge à l'oreille, dans une fente pratiquée exprès. Quant aux vieux ânes, pelés, la viande à nu sous les mouches, toujours robustes, ils circulent, dodelinant leur scrotum d'honnêtes citoyens noirs, parmi les nobles chevaux, les longs chameaux, le bétail à cornes faibles, — plus humbles par la taille, sans caprices de s'enfuir, se déplaçant raisonnablement comme des personnes qui vont à leurs affaires.

On rencontre bien encore vers le centre du marché, de ces chameaux à vendre ou des ânes à l'oreille enfilée de laine rouge, — car chacun se pose ici où il veut, — mais les rangées de petites tentes sont si serrées, les courants de la foule si continus, qu'ils ne peuvent plus se dépasser qu'avec de grandes difficultés, bien que personne ne songe à se plaindre. Dans un coin de la plage, en face de la caserne en construction, arrivent, comme des nappes mouvantes, les troupeaux de moutons et de chèvres, région troublée par des fuites absurdes, des paniques d'animaux qui se précipitent vers la mer, refluent ailleurs pour trouver devant eux des pantomimes effrayantes de burnous qui les rechassent. Quand un seul, plus sournois, s'échappe et se perd sous la foule, un passage s'ouvre pour l'Arabe qui court après lui, et le rattrape sans colère, sans blasphème, le rapportant à deux mains, par le museau et par la queue.

La ligne des étalages est d'abord indécise, brouillée par des négresses disséminées sur le sol. Il y en a qui attendent au bas d'un calicot rouge, soulevé en étendard sur un pieu. Elles vendent des vêtements d'occasion pour les nègres, des jupes à fleurs coloriées, des caracos de bébés nègres, nuancés comme des aras, des capuchons d'enfant en coton écru, brodés de damiers en laines de couleur. Mais après elles se manifeste un premier essai de rangée : les marchands de gandouras, burnous, haïks blancs ou bruns, melhafas grises pour les femmes, remuant à terre des gonflées de vêtements, mal protégés par des serviettes ficelées à des roseaux, et à travers lesquelles le soleil tombe semblant incendier les couleurs en tas ; — les marchands de tapis et de couvertures, la plupart dissemblables de dessins, chacune donnant la petite note d'originalité du village ou de la famille qui l'a produite ; surtout les couvertures tissées à Masrâta, d'un ton général plus violacé que celles des environs de Tripoli, et enchevêtrées de plus larges losanges de laines bleues et jaunes. Puis viennent les merciers accroupis sous des tendelets de toile mieux faits, présentant aux regards qui hésitent d'acheter, dans des sébiles grossières : des clous, des balles rondes, des pierres à fusil, du savon arabe pour laver les burnous, des bâtons de soufre, des petits miroirs ronds, et d'autres à couvercle de bois blanc marqués de l'aigle d'Allemagne, du fil, des ciseaux de fer, et, bien surveillées autour de frêles balances à peser les *mitsquals*, les carats précieux, de toutes petites boites de corne qu'on ne dévisse qu'avec précaution : là sont les parfums chers, autres que l'essence de rose, par-dessus tout le *zebdi*, sorte de mélasse brune qui a une odeur excrémentielle.

A côté, les vendeurs de calottes blanches, patiemment surfilées, les *taquia* de coton, les « fenestrées », alignées sur le sol en piles basses ; ils vous vantent au passage celles plus blanches venues du pays de Masr, d'Alexandrie d'Égypte.

Ici ce sont deux, trois docteurs, chacun sous sa très petite tente bien propre, gradués des Universités de Tunis ou du Caire, distingués par un burnous bleu, rare à Tripoli, et qui ne daignent pas lever les yeux sur la multitude, étudiant toujours dans un bouquin ouvert. Leurs outils se composent de quelques canifs rouillés, de mauvais ciseaux tachés par tous les sangs qu'ils ont fait jaillir, d'une pomme d'arrosoir sans trous pour poser les ventouses, d'une balance légère, et de vieilles boîtes de conserve bien bouchées qui renferment des poudres... Là, on frappe continuellement ; les maillets font un bruit faux sur des billots mal calés qui ne sont autres que des nœuds d'arbre : ce sont les rapiéceurs de chaussures et fabricants de pantoufles. Leurs tentes forment un cirque. Ils sont nombreux ; leur travail répond à tant de besoins ! Les pièces de cuir d'où ils coupent des morceaux gisent sans soin dans le passage, et tout le monde les salit en marchant dessus. On trouve, chez les marchands de neuf, des *belghas* jaune citron, à semelle blanche en cuir de chameau, et d'une légèreté surprenante ; le dessus et les côtés sont décorés d'une broderie touffue, peau sur peau, tellement qu'on prendrait de loin ces chaussures arabes pour des pantoufles en tapisserie. Beaucoup montrent, sur la languette du cou-de-pied, une croix bien chrétienne et très nette, tout à fait inexplicable chez des musulmans. Des colonnes jaunes se dressent : de loin, un joli temple en construction. On approche : ce sont les marchands de nattes, qui ont l'habitude de mettre debout autour d'eux les longs rouleaux de jonc reluisant ; ils paraissent tout bas, les marchands, assis au milieu de cette colonnade.

Ils vendent aussi, en guise d'étoffe, une écorce de palmier tissée par la nature, assouplie ensuite au maillet, et qu'on appelle *lif*. Non loin d'eux, les nègres faiseurs de tresses d'halfa, et les nègres couturiers, qui les réunissent à l'aide de grands stylets et d'un fil de paille, les montent en couffins, en paniers doubles de bât.

Encore un autre petit douar : ce sont des tas de deux ou trois ouvriers à genoux autour d'un monceau de braise allumée en terre, et qui frappent entre leurs cuisses, à coups très adroits, sur une enclume plantée : les couteliers, forgeurs de lames de *mous*, longues pour la défense, plus fines pour se raser la tête, toutes petites et le manche orné d'une tresse de cuivre pour la toilette des femmes ;

mais les négresses seules, moins réservées, osent en acheter en public. C'est une grosse affaire pour un Arabe d'acheter un *mous*. Aussi que d'essais avant de le payer ! A l'entour des forgerons de lames, on n'aperçoit que gens se rasant une petite place du mollet, nègres qui donnent le fil en passant le fer sur leur bras noir, amis qui, tour à tour, s'entrerasent un peu de leurs têtes déturbannées, afin de choisir la meilleure lame, le rasoir qui leur fera honneur ; et pendant ce temps, les marteaux tapotent ; le souffleur a l'air de jouer d'un accordéon, en prenant et lâchant, avec ses dix doigts, les baguettes qui ferment l'embouchure des outres, soufflets doubles pareils à des cylindres à plis ; et le vent lancé frousse sous la braise. Les juifs seuls vendent de ces mauvais couteaux polis et vernis qui viennent de nos bazars d'Europe et que les Arabes dédaignent à bon droit. Juifs aussi sont quelques vendeurs de nougat nacré, exposé sur des tréteaux à hauteur des bouches d'enfants qui s'y affriolent : — *halaoua teurkia* (douceur turque), sorte de pâte de sucre et d'amande cristallisée en aiguilles et qui crépite sous la dent, fond en une saveur très fine.

Deux hautes tentes, repiquées d'étais nombreux,

dépassent toutes les autres par leur cime et abritent une dizaine de bancs ; là se nichent, dès le matin, les oisifs en burnous chers, pieds chaussés et jambes nues, les gros négociants grecs, italiens et juifs, hâblant une affaire devant quelque marchand de moutons moins habile parleur, ou simples gourmands de la ville, qui hument, les yeux demi-clos de jouissance, de toutes petites tasses de café très chaud, en considérant la foule. Elle sort d'une rangée d'étalages, se déverse dans une autre, enjambe piquets et cordelettes de petites tentes, descend, afflue vers le bord des vagues pour trouver le canton des marchands de légumes et de victuailles, plus crieurs, beaucoup d'éventaires étant tenus par des négresses qui babillent toujours : tas de poireaux, d'oignons blancs et de radis violets, monceaux d'oranges qu'ils annoncent pour allécher : *demmy, demmy !* des sanguines ! petits citrons d'or pâle, poches de jus qu'on ne connaît pas en France ; des salades coriaces aux nervures solides.

Puis le coin où l'on dissèque les citrouilles et les melons d'eau, petits comme des rats grisâtres, grosses comme des enfants jaunes, gisant le ventre ouvert, d'où s'écoulent des chapelets de semence. Mais, tout près des flots, vibrantes à l'écroulement de chaque vague, comme des pellicules de larges tambours, sont les « toilettes » de mouton, humides, vernies, pareilles à des miroirs, luisantes de fraîcheur, malgré le soleil qui les frappe et veinées de graisse blanche, tendues sur des treillages et des pieux, au bout desquels pendent des tortis d'intestins, des viscères nouant leurs rubans de bleu vert et de gris ardoise entre des bandes sanglantes. Les bouchers arabes donnent tous leurs soins à la file des gigots, tricoupés dans la graisse de trois étages en cascade, et sur laquelle ils dessinent avec une pointe des guirlandes, des dentelures, des grappes, chacun suivant son inspiration ; et les belles têtes à cornes courbes mises en tas, ils les vantent aux passants, écartent les paupières sur l'œil mort. Et plus bas encore, la ligne des urineurs accroupis dans leurs burnous, face à la mer.

Parmi cette multitude fixée pour vendre, passe une autre multitude, celle qui achète : burnous à broderies de poitrine variées, haïks portés par les hommes à la mode de Tripolitaine, écharpes brunes rabattues en épitoge sur l'épaule des nègres, musulmanes voilées impénétrables ; juives mamelues dont le corps de gelée va tremblotant; négresses à la croupe provocante, scandant leur marche sous la cotonnade plaquée, jetant des rires à toutes dents à des amies qui passent: mendiantes couleur de vieux bois sculpté, groupes d'aveugles aux yeux saignants, serrés en coin pour avancer; chamelon doux qu'on vous offre avec insistance et à vil prix, plutôt que de le remmener au loin, et que toutes les mains caressent; ànes qu'on pousse avec des *arhya ou Allah!* (hue par Dieu!), portant aux flancs dans leurs paniers doubles des chevreaux de quelques jours qui passent la tête par-dessus bord comme des moineaux dans un nid; enfants qui jouent, se coulent entre les burnous, dérangent les étalages et récoltent des paroles d'impatience: *Ia ouled el haram!* (Ah! enfant du péché!) — Des cris, des rires, des chantonnements d'ouvriers, des mélopées d'aveugles, des hennissements, des rauquements de chameaux, des bêlements, des braiments sonores éteignant des jappements, et le bourdonnement de vingt mille lèvres qui parlent, tout cela monte, éclate, fuse, se répercute, jaillit, roule en sourdine, s'apaise et reprend, triomphant pour quelques heures de la large rumeur des flots qui déclament, réguliers et sans fatigue...

Souvent deux ou trois Arabes, apercevant un étranger dans la foule, accourent et le prennent pour juge dans une question de monnaie : il y a des francs espagnols et grecs, dont la valeur paraît douteuse ici ; des écus de Marie-Thérèse valant 3 fr. 70 (quoique d'un tiers plus larges que nos pièces d'argent de 5 francs) et qui, usés, noircis, sont peut-être de mauvais aloi. Les discussions à propos de sous sont continuelles et fatigantes. Ils appellent à Tripoli « un sou » la pièce de 10 centimes et « demi-sou » celle de 5 centimes, coutume inspirée sans doute par l'usage du penny et halfpenny d'Angleterre. Une pile de 10 sous demande cinq minutes d'examen avant d'être reçue. Certains marchands de la campagne n'acceptent que des sous italiens ; d'autres, les italiens et les français seulement ; ceux-ci, en plus, les espagnols, mais pas les grecs ; ceux-là, ayant plus de confiance dans les pence anglais vous proposent, d'un œil rusé, des échanges auxquels ils croient gagner : une poignée de sous espagnols, par exemple, contre le même nombre de sous anglais. D'autres encore, plus difficiles, ne veulent que des effigies mâles et refusent obstinément les figures de reine.

J'ai vu un batelier ramer deux cents mètres dans la rade, pour rapporter à bord du paquebot une pièce de 50 centimes à l'effigie de la République française, disant qu'à ses yeux cette sultane n'avait pas de valeur, qu'il voulait une face d'homme. Mais toutes les pièces douteuses et mal vues aboutissent aux petites tables des changeurs juifs qui, moyennant une perte de moitié, rendent des sous valables.

Un Trablésien me disait un jour, devant le camp du pacha : « Le général de division (peut-être voulait-il dire le gouverneur) n'aime pas la monnaie française ni italienne. Il dit : puisque ce sont les Turcs qui commandent à Tripoli, pourquoi accepter d'autres pièces que les turques?

— Cependant les douros?... hasardai-je.

— Ah ! les douros, c'est différent! Tous bons, excellents, les douros, français, italiens, espagnols, n'importe... il n'y a que les sous de mauvais. »

Pauvre général de division, qui fait la guerre aux sous d'Europe (on en voit relativement peu, en effet) et se laisse déborder par les francs, les douros que tout le monde recherche avidement ! Tout l'Orient n'est-il pas dans ce trait ? Il se donne un mal inouï pour boucher de petites portes à côté de grandes qu'il laisse tout ouvertes, comme ces batteries neuves construites d'après les derniers principes de la fortification, et qu'on rencontre éparses au milieu des antiques remparts, entre des courtines couronnées de tessons de bouteille.

Et le vendredi, jour de la mosquée, lorsqu'on voit flotter au-dessus de la ville les larges bannières à croissant parmi tous les pavillons des consuls, comme des manteaux de cour qui claquent dans le vent et luttent d'ampleur, sait-on au juste laquelle commande de toutes ces bannières éclatantes du vendredi, qui, aperçues de la rade, confondent leurs plis en un carrousel ondulant, semblent une cavalcade aérienne, les partis d'un tournoi caracolant, joyeux et alertes, au-dessus du château du pacha qui, muet et assombri, ne veut pas y prendre part?

***

Les soldats font vivre les petits boutiquiers de la rue la plus animée de Tripoli ; leur va-et-vient y est tel, qu'on pourrait se croire souvent au milieu d'un régiment qui vient de rompre les rangs. Elle est couverte de loin en loin par des treilles qui courent sur des plafonds de lattes, bombés en carènes. On voit là des cafetiers turcs (quelques-uns, le soir, entourent leurs lanternes de grossières caricatures huilées); des metteurs en forme de tarbouchs, avec leurs cônes de cuivre pareils à des moules à gâteaux; un pharmacien osmanli; beaucoup de boutiques d'épiciers juifs ou arabes, qui exposent des disques de fromage blanc entourés de faveurs, des mouchoirs de couleur pendus en chiffe par un angle, des feuilles entières de tabac et des pétards d'Europe. Ceux qui ont la permission de la régie turque l'annoncent par une plaque rouillée fixée à leur volet. Au linteau des portes sont accrochés, par rang de taille, de tout petits pains de sucre. Puis des marchands de *bouriks*, sorte de gaufre frite à l'huile, qui contient une bouchée de viande et d'oignon très sucré, dans une pâte douce; des pâtissiers turcs avec leurs plaques de gâteaux divisés en losanges pour le débit: ce sont les *bakalaoua*[1], pâte d'amande brune suppurant de sirop de sucre et

1. Peut-être *baci-halaoua*, friandise supérieure.

trempée dans la friture ; les *ourrabia*, carrés roses de pralines entre deux lits de pâte d'amande, aussi écœurants que les autres. Puis, le fabricant juif de pâtes italiennes, qui n'ouvre pas sa boutique tous les jours, et se fâche, quand les curieux s'amassent à sa porte pour le voir travailler devant son vaste plateau de cuivre rouge, posé comme un bouclier sur les créneaux de support d'un immense fourneau arabe. Puis des Maltais, des Italiens, des Grecs, dont les boutiques ne se distinguent des autres ni par la couleur ni par l'arrangement, mais seulement par le nom inscrit sur la porte. Et le courant continuel des soldats, qui favorisent surtout leurs compatriotes, les commerçants turcs, et encombrent la rue déjà rétrécie, à certaines heures, par une rangée de nègres moulant le café devant les portes d'épicerie, dans d'énormes moulins à entonnoir de cuivre, dont ils tournent la manivelle avec des gestes accentués de singes savants ; tandis que d'autres, pour rafraîchir le sol, l'arrosent par un procédé peu expéditif : un gobelet dans la main droite, la gauche rabattue en capuchon par-dessus ; une secousse, et l'eau rencontrant l'angle de la main s'éparpille en gouttelettes.

Plus loin, l'animation des boutiques cesse; encore quelques cordonniers italiens, et la rue continue, toutes portes closes, avec des coudes brusques, de grands arcs de maçonnerie tendus au-dessus des têtes, ou de petites voûtes, quand elle passe sous une maison; son silence n'est interrompu que par le chuchotement des grelots que les meuniers font frotter sur les meules afin d'entendre leur allure.

*
* *

J'ai cru comprendre que *Bab-el-Medina*, dont le sens est, couramment, « porte de la ville », a pris dans la pensée des Arabes une signification plus restreinte, depuis qu'on a, devant elle, prolongé de constructions neuves jusqu'au camp turc, le *souk-el-haddad* ou « marché du ferronnier ». On entendrait plutôt par *Medina*, maintenant, la cité, la vieille Tripoli au dedans des murs, par opposition aux longues rues bâties parallèlement, hors la porte, devant la grande plage.

Bab-el-Medina s'ouvre au pied du château où le

pachá réside, en plein quartier de soldats, devant l'arsenal, à l'extrémité d'un fragment d'avenue qui est un des endroits les plus agréables de Tripoli. D'un côté se dressent, plus hauts que les remparts, les murs de Bastille, massifs et sans fenêtres, du château du pacha; de l'autre, des dépendances basses, écuries ou magasins, mal bouchées par de mauvaises portes; mais, tout le long, courent des bandes de jardins à peu près cultivées où les volubilis, les giroflées, les œillets, les roses s'embrouillent autour de légers kiosques, se nouent à des supports de lanternes qui jaillissent à profusion de ce parterre en fouillis; tout étroit qu'il est, il déride un peu l'abord redoutable de la forteresse de commandement. L'avenue est large, gardée par des sentinelles qui ont l'amour-propre de la tenue, sous l'œil des nombreux officiers qui la parcourent du matin au soir; c'est un essai de bien-être, un sourire de délassement dans cette ville absorbée par le négoce et les corvées militaires.

Elle n'a pas duré longtemps chez moi, à l'égard des soldats turcs, la défiance que vous inspire la vue nouvelle d'un uniforme étranger! Malgré leurs visages durs et leurs larges épaules brutales, je me suis senti vite prêt à les aimer, car la sympathie vous reste après la pitié. Ces pauvres gars à pantalons courts qui laissent voir leurs chevilles nues, leurs pieds nus dans des savates éraflées; dont la tête tondue, en boule, est enfaitée de tarbouchs déteints, — les coudes montrant la chemise avec un tel ensemble que je me suis demandé, pendant quelques heures, si ces fentes n'étaient pas des crevés d'ordonnance, — sont lamentables au milieu de l'opulente lumière africaine, à côté des burnous blancs, des draperies élégantes des Trablésiens. Plus ils astiquent ceinturon et giberne, plus ils paraissent ternes avec leurs vestes grises, couleur de prison, et leurs pantalons à bandes rouges rapiécés de neuf, usés jusqu'aux derniers fils. Et puis leur aspect de misère s'aggrave de voir à quels soins de ménage ils sont adonnés. Ils errent devant les boutiques, entre les tables des marchés, d'un air inquiet et convoiteur, sortent précieusement d'un coin de leur mouchoir une petite monnaie pour acheter une salade ou un oignon. Il y a des groupes qui discutent et se cotisent pour l'achat d'une si misérable nourriture. C'est à se procurer du pain qu'ils semblent dépenser leurs sous. On en voit des étalages un peu partout dans Tripoli. Mais tous ne peuvent même pas acheter de ces jolis pains neufs ; ils rôdent alors autour de cinq ou six vieilles négresses, qui, assises en idoles dans la poussière, offrent en vente des tas de croûtes, fragments ramassés, mies de rebut, pains d'occasion que les pauvres gens tâtent et retournent avant d'acheter. Les plus aisés vont boire, pour deux sous, une petite mesure de lait aigre. Sans attendre qu'ils le lui demandent, le marchand remue le fond de la jarre pour prouver qu'il leur donne généreusement beaucoup de grumeaux.

On voit donc, le matin vers neuf heures, et le soir au moment du dîner, ces bandes déguenillées se répandre en ville, dans la rue des détaillants, et autour de la Porte de l'Égout, et rapporter le maigre appoint qu'ils ajoutent au plat de riz donné par le gouvernement. Quelle tristesse dans leur regard, quel découragement dans leur démarche, quel air de besoin répandu sur leur personne souffrante ! Ils rient quelquefois, mais sans pouvoir perdre ce visage sévère. Cependant ils sont flâneurs, un peu badauds comme tous les soldats du monde, s'arrêtent volontiers autour des cercles de chameaux agenouillés sur la vaste plage où ont lieu les grands marchés de Tripoli. Mais on surprend alors, sur leur figure, un sentiment de honte d'être plus déguenillés, plus ridicules avec leurs manches courtes, leurs funèbres pantalons ajustés, dont le fond crève, leurs vestes qui pèlent en accrocs, que les nomades pauvres venus des bords du Fezzan, à demi nus sous des burnous en loques, mais qui peuvent au moins se draper largement. Ceux qui ont des grades — les *gratatt*, comme les désignent les Arabes par un mot drôle inspiré du français — sont un peu plus soignés ; on les reconnait à un cordon de sagesse tout en or passé en sautoir ; certains portent sur le bras, de l'épaule au coude, un gracieux triangle d'étoffe noire gansée de rouge, qui bombe comme un foc dans le vent.

Les officiers turcs sont encore plus variés de races et d'aspects que les soldats. Il y en a de hauts, maigres, à bouche dure, la taille allongée par une capote gris fer qui dépasse les genoux, très propres sous leur uniforme chiche de dorure, et les jambes croisées par un long sabre courbe ; d'autres, officiers théoriques à mines de citadins, sortis des écoles, je suppose, et non des rangs, tout petits, chétifs, le profil coupant, trottinent raides et sérieux, sanglés dans leur ceinturon, tapotés derrière par les basques de leur tunique, le port de la tête dédaigneux sous le tarbouch érigé bien droit : leur grand sabre courbe les fait paraître enfants.

La plupart des officiers ou fonctionnaires turcs mettent ici des lunettes à coquille, ce qui leur donne un air rébarbatif, bureaucratique ou pédant. Pas de rires non plus parmi eux ; jamais de ces belles gaîtés de grands buveurs, grands mangeurs, patriotes satisfaits, qui éclatent parmi les officiers d'Europe au sortir de table : ils ont l'air préoccupés par la gêne, et disent leur chapelet.

Tous les soirs, au coucher du soleil, la courte avenue, embroussaillée de fleurs, qui longe le château du pacha, est mise en rumeur par des soldats qui font la corvée de bois. Ils viennent de l'arsenal, portent en croix, sur les deux épaules, de longues bûches tortueuses, et rentrent un peu plus loin dans un angle du château sous une voûte inquiétante d'obscurité, malgré le lampion funèbre qu'on y allume de bonne heure. Ce sont des cris, des appels, des poussées par plaisanterie, un désordre !. chacun allant à sa guise, courant ou s'attardant. Ils marchent sans rangs ; les plus avisés empilent leurs fardeaux sur une petite charrette qui, poussée, soulevée par vingt bras vigoureux, s'échappe de l'arsenal comme une trombe, heurte ou effraie les passants sur son parcours, et s'engouffre sous la voûte avec des clameurs d'assaut, quand elle n'a pas versé au tournant. Ceux qui portent sur l'épaule s'excitent les uns les autres, se lancent leurs bûches à la tête ou dans les jambes; les trottoirs sont pris par des piétinements de lutte entre camarades; et longtemps encore des retardataires chargés font évoluer brusquement les troncs d'arbres au milieu de la chaussée.

A la nuit, quand ils se promènent en ville par groupes d'amis, ils passent aussi comme de petites émeutes, jouant à se colleter, à se pousser brutalement : les Arabes se rangent avec politesse contre les murs pour leur laisser la voie, mais ne daignent pas les regarder.

***

Bab-el-Kheundeuq, gardée comme sa voisine Bab-el-Medina et comme les autres portes par une sentinelle soupçonneuse qui vous examine au passage, est précédée, à l'intérieur, d'une pente pavée, bordée de petites boutiques. Plusieurs marchands débitent du goudron liquide pour oindre les outres. Les mesures en bambou, long emmanchées comme les petites cafetières arabes, sont posées par rang de taille sur le bord de la terrine : on dirait un petit orgue noir tombé dans le goudron.

Cette pente pavée est très passagère, parce qu'elle est la suite, malgré quelques angles et une voûte à passer, de la rue principale du commerce de détail, et mène au marché qui se tient en permanence en dehors de Bab-el-Kheundeuq, au carrefour des rues neuves du *souk-el-haddad*.

Je n'ai jamais pu savoir si ce marché portait un nom spécial. Chaque fois que je disais « le marché de Bab-el-Kheundeuq », on souriait avec un air d'intelligence complaisante, acceptant par flatterie ma dénomination sans vouloir me dire si je me trompais. Je le désignais, à part moi, sous le nom de « marché aux pains », car, au sortir de la porte, on voit douze ou quinze tables surchargées de petits pains jaunes couleur d'omelette, les uns décorés dessus de rayons en hélice ; d'autres, plus bruns, crevassés comme nos pains bis de campagne, et qui ont leurs amateurs.

Derrière les étalages de pains sont installées de petites tentes où les marchands douillets s'abritent contre le soleil, ou sous lesquelles ils protégent une marchandise plus délicate. Il est bien curieux d'observer comment la tente se perd peu à peu au contact de la négligence nègre, comment elle passe des longues bandes de toile ou de poil de chameau soulevées sur des pieux, où l'on est à l'aise debout, au simple paillasson arc-bouté par un roseau, changeant carré d'ombre dans lequel un nègre se replie. Les raccommodeurs de babouches travaillent sous un petit pignon de toile — que de fois rapiécé et par quelles coutures! — Les marchands de légumes sont accroupis sous un pignon semblable, mais construit avec deux paillassons accolés par le faîte ; leurs paillottes sur deux rangs ont un aspect de rue dans un village équatorial. Cependant leurs abris ont encore un fond, trois côtés clos, tandis que d'autres, reculant toutefois devant la simplicité du paillasson unique, se contentent d'un toit à deux pentes ouvert aux deux bouts. Les tresses d'halfa et les claies de roseau traînent d'ailleurs un peu partout ; on s'en sert pour ombrager, pour soutenir, pour boucher un trou de soleil, comme couvercles ou nappes d'étal.

Le marchand de têtes et d'entrailles les expose sur une vaste claie, et il faut voir comme il fait sauter ces têtes aux yeux clos, comme il dévide les chapelets de graisse, comme il fait glisser les intestins clairs et gluants, comme il les houspille pour rompre la croûte de mouches qui s'y colle, ainsi que l'aimant au fer.

Non loin, trône sur des caisses, sous une vaste tente faite de plus grandes loques, le marchand de laitages et de dattes (celles du Fezzan sont toutes petites, presque noires du côté mûri au soleil, chlorotiques du côté de l'ombre, et desséchantes à manger comme une glaise sablonneuse) ; ses mains sont toujours mouvantes dans les corbeilles de dattes qu'il retourne, ou du côté des différents pots de lait aigre qu'il retire des rayons glissés du soleil, et remue régulièrement pour les faire cailler. Les dix ou douze fruitiers alignés dans des paillottes dorment, bâillent au milieu d'oranges, de citrons, de courges énormes, de radis violets, de couffins de dattes ; on les voit souvent à quatre pattes sous leur niche, trop basse pour qu'ils se relèvent,

Derrière le marchand de têtes coupées, — les belles têtes sanglantes parmi les entrailles bleues, — se trouvent deux ou trois paravents de roseaux où des nègres vendent de la viande rôtie, *el kebab*. On appelle ainsi des bouchées d'agneau ou des carrés de foie enfilés dans une brochette de roseau et séparés par des morceaux de graisse. Ils grésillent, s'enfument au-dessus d'un fourneau arabe que le nègre soufflette de temps en temps, avec un éventail. Quand il soigne sa cuisine, il avive le feu en y lançant, de ses grosses lèvres, des filets de vent bien ajustés. Chaque brochette coûte un sou. Il m'arrivait souvent d'en manger; le nègre me connaissait, et toutes les fois m'avançait avec beaucoup de respect un coussin rouge, me choisissait lui-même la brochette cuite à point et me l'offrait avec des doigts pleins de suif, sans oublier de verser quelques pincées de sel et de safran qui, avec les grains de sable, se retrouve dans tous les mets à Tripoli. Ce simple rôtisseur a toujours été d'une prévenance, d'une délicatesse de paroles et de gestes qui m'étonnaient, et me faisaient comparer avec les brutes qu'on rencontre à Paris autour des Halles. Une petite voisine, négrillonne de sept à huit ans, à la peau mate, le visage tout en fossettes et en rires roses, venait contempler ce spectacle peu ordinaire : un Européen mangeant des brochettes sous une niche de roseaux. Et comme, un jour, je lui avais demandé, pour rire, si elle savait danser, elle apparaissait bien souvent lorsque je mangeais, s'essayait à prendre une cadence, ployait ses reins, martelait la poussière de ses petits pieds, serpentait une danse chantée en sourdine, avec une décence de gestes et de regards, des hanchements coquets sous sa chemise violette, qui répandaient un charme de femme sur son petit corps d'enfant. Mais quand je voulais lui parler, elle avait peur, riait, s'enfuyait : elle n'a jamais voulu me dire son nom...

Le matin, on voit, au-devant du marché, d'autres vendeurs de choses moins claires, accroupis sur le sol, sans abri, brocanteurs siégeant en leur burnous, dans un cercle de trois cruchons, cinq ou six bouteilles, deux marmites, une lanterne, qui bornent des tas de choses innommables : débris de batteries de fusils à pierre, étriers dépareillés, clous, rouille, détritus, lambeaux. Certains sont plongés dans des vagues d'étoffes sales. Aucune offre criarde, aucun appel de loin ; une attente digne sur un monceau de chiffons, une immobilité presque muette sous le soleil qui commence à brûler. Mais ceux que je recherche pour les admirer, ce sont les vieux philosophes qui, à tous les marchés, s'assoient honorablement au soleil devant une faucille unique (de ces faucilles primitives qui rappellent nos crochets à fourgonner le feu), une clef de serrure, même une bouteille vide, et passent toute la matinée en attente, impassibles sous la chaleur, leur œil sans tristesse plongé dans une méditation qui paraît incommensurable, et qui n'est que le vide parfait de la pensée! Il y a de plus humbles négociants encore: ce sont les ramasseurs de fils et de copeaux, vieux et vieilles qui picorent la terre d'une main mécanique, et enfouissent dans leur poitrine ce qu'ils trouvent: fils tombés des étoffes, éclats de bois, copeaux de fer, fragments de roseau.

Dans le milieu de la journée, le marché est moins actif; ceux qui s'étaient installés sans abris, s'en sont allés. En revanche, quelques marchands de sucreries (*halaouat*, des douceurs) sont venus poser leur table à tréteaux à côté des marchands de pains qui, seuls, commencent à appeler les pratiques, redoublent d'offres, excités par toute une journée de soleil et de poussière, ou bien quand des fournées nouvelles de pains tout chauds leur sont apportées pour le dîner des soldats turcs. Le bruit qu'ils font est parfois couvert cependant par la voix d'un commissaire-priseur nègre, qui vend à la criée ; à chaque effort de gorge, sa tête saute en avant comme celle d'un chien qui aboie.

Vers le soir, aussi, un homme qui doit arriver tard des environs, s'accroupit au bas d'un mur du cimetière turc dont la seule largeur sépare Bab-el-Medina de Bab-el-Kheundeuq, et met en vente quelques flûtes doubles, la diaule antique faite de deux roseaux qui se réunissent sur les lèvres. Les sons de hautbois qu'il en tire, sifflotés et ululés, font venir le monde ; on examine (car elles ne sont pas communes à Tripoli ; on m'a répondu qu'elles venaient du Fezzan), on essaie, et, de lèvres en lèvres, les becs de flûtes finissent par entrer dans la bouche massive d'un nègre. L'un surtout, un vieux, amateur de musique, n'apparaît qu'à ce moment. Son costume inoubliable, mi-partie de jaune vif et de vert perroquet, avec un turban blanc vaste comme une roue, s'allume au soleil couchant ainsi qu'un feu de Bengale.

Le marchand de flûtes reste jusqu'à ce qu'une troupe armée vienne relever la sentinelle de

Bab-el-Kheundeuq et entre-bâiller la porte, avant de la fermer. Les marchands enlèvent alors de leurs tentes couffins, sacs et jarres ; plusieurs laissent tout là, pour la nuit, dans les huttes sans portes. Les boutiquiers de la pente pavée, au dedans de Bab-el-Kheundeuq, appliquent aussi des planches à leurs devantures, et la porte de l'Égout se ferme solidement. Les derniers rayons du couchant frappent, dans le cimetière turc, des cippes et des stèles, éveillent de singuliers fez rouges à rebords, des turbans dorés, un champ de petites marmites renversées au-dessus d'yeux et de trous sculptés dans la pierre.

Beaucoup des vendeurs du marché vont dans un coin de rempart, derrière les tendelets des rôtisseurs, s'espacer sur de petits orifices, nombreux et bien alignés, qui sont, je suppose, des traces anciennes de pieux de tentes. C'est un spectacle bien égayant que de les voir, Arabes ou nègres, jeunes et vieilles, s'accroupir à distance régulière sur ces vases... du soir — qui servent aussi le jour.

*
* *

Le quartier neuf de *Souk-el-haddad* se compose de quatre rues parallèles où l'alignement est marqué par des maisons blanches, roses et bleues fort distantes, et par des murs blancs qui reprennent après des rectangles de terrains vagues. Les maisons habitées par des officiers turcs sont nationalisées par deux croissants rouges, en bois découpé, dont l'aspect de loin, au-dessus de la porte, rappelle les pinces d'un scorpion monstre.

Par là campent de curieuses colonies de nègres, dans des hameaux de huttes bâties selon les plans soudaniens. Quelques-unes, subissant l'influence des mœurs arabes, sont logées sous des abris composites, moitié claies de roseau et moitié loques de tentes ; ces niches en roseaux à porte basse, avec un toit en calotte, sont entourées, chacune, d'un paravent circulaire, d'une natte dressée contre la curiosité des voisins. L'un de ces ronds de huttes est extrêmement populeux, toujours grouillant de petits noirs et de fillettes crépues, de longs nègres qui se cassent en deux, afin d'entrer dans leur demeure. On ne comprend même pas comment ces grands corps réussissent à se blottir tout entiers dans un espace aussi petit. Entre les parois des huttes courent d'étroits sentiers qui aboutissent à un bas-fond, centre du hameau, une mare fangeuse obstruée d'herbes éclatantes. La négligente voirie turque, qui ne s'occupe pas d'eux, ni d'aucune voie peut-être, la laisse dormir là. Les nègres aiment aussi sans doute cette imitation de leurs pays, un pré humide et chaud sur une terre grasse.

Une ou deux paillottes — de chefs, je crois, — ont devant la porte un drapeau rouge et blanc, bas sur hampe. On voit aussi des brins d'étoffes de toutes les couleurs, des lés arrachés, des charpies, accumulés, pendillants, sur une ronce, ou bien amassés dans le coin de la margelle d'un puits : ce sont des offrandes à des saints en vogue, de la part des femmes arabes, ou aux divinités mystérieuses qui donnent l'eau, à des fétiches inavoués, toujours vivaces au fond du cœur des négresses musulmanes.

Il se fait, toute la journée, un va-et-vient entre ces villages et des puits plus étroits où l'on peut tirer l'eau sans bête de trait, à la lisière de l'oasis. Des jeunes filles noires s'y rendent, en portant sur l'épaule de longues cruches aux formes d'amphores dégénérées, ou bien sur la tête une marmite de fer, la maintenant par les deux mains haut levées avec un geste d'aisance. De peur de mouiller leurs vêtements, quand elles transvasent l'eau, elles les ôtent facilement, dans les chemins peu passagers, et montrent à nu leur poitrine jeune et dure, où les seins pointent tout droits. Les négresses de Tripoli n'ont pas cet effroi de paraître dévêtues, qui tient les Européennes, et aussi les Arabes à l'égard du torse et du visage, les jambes et les cuisses exceptées. Nègres et négresses montrent une sorte de joie à se déshabiller, comme s'ils retrouvaient en eux la vieille coutume héréditaire d'aller nus. On rencontre des noirs qui se dévêtent complètement, avant de commencer un travail rude ou salissant. Ils considèrent le costume comme un luxe, un prétexte à oripeaux et à clinquant, plutôt que comme une nécessité.

On peut le remarquer dans le parc de palmiers où ils habitent, tout autour de Tripoli, au milieu des jardins enclos de petits murs de boue jaune, dans les maisonnettes répandues le long des chemins aux directions imprévues — une autre ville, la Tripoli de l'oasis qui zigzague et s'étire sous l'ombre frêle des palmes.

A la lisière de *Souk-el-haddad,* il y a une zone sans palmiers, terrains bosselés, cultivés par plaques où se pressent des tombes de tous les âges, neuves, blanches, grises, défoncées, d'où l'herbe jaillit vigoureuse par les fentes du couvercle. D'antiques mûriers bordent çà et là le chemin de sable ; leur verdure éclatante de franchise tranche sur le vert douteux, harassé, des plus beaux palmiers voisins. Les cimetières finissent sans qu'on sache bien où, dans des excavations, derrière un monticule, empiétés par des racines de palmiers qui commencent et se serrent aussitôt en une forêt magnifique.

Si drus qu'ils soient, jamais leur ombre ne se tisse en un manteau ; leurs *djerids* inconstants se ploient, disjoignent la masse d'ombrage. Chacun d'eux, touchant à peine à son voisin par le bout de ses palmes, laisse autour de lui des clairières brûlantes, à peine tailladées par les silhouettes précaires de quelques lances. De plus, ces parasols, qui se déchirent sans cesse, sont placés si haut que la réverbération des chutes de soleil proches les envahit de chaleur et de lumière.

Mais s'ils ne sont pas des couverts d'ombre, quelle élégance et quel port ils ont, ces palmiers de Tripoli, montant d'un jet sur le ciel bleu, éclatant à leur cime de gerbes infiniment découpées en lancettes qui luisent au soleil comme un tissage de rayons, faisant des signes de tête lents, une nutation majestueuse, lorsqu'une brise forte retrousse leurs palmes toutes d'un côté, et les échevèle comme une chevelure de femme prise sur la nuque par le vent ! Mais, par les temps calmes, leurs rameaux reposés se croisent sur le fond du ciel, font un dessin d'arcs évoluant l'un de l'autre et qui, après leur rencontre, se recoupent à l'étage au-dessus. C'est ce profil des bouquets de *djerids* qui a dû inspirer certaines superpositions de nervures arquées, que l'on guilloche souvent sur les faces des minarets, et aussi peut-être les stalactites, excavés de petites coupoles en pendentifs, qui forment le plafond de la mosquée de Cordoue. Des troncs rugueux, pincés à la taille, se reprennent trois ou quatre fois à grossir pour s'élancer encore, tout à fait pareils à des boas debout qui digèrent. Les cœurs creux, frôlés par le vent, rendent un son d'instrument de bois ou de poteau de télégraphe qui vibre, et font quelquefois une autre rumeur à côté de celle des flots. Au-dessous poussent des arbres plus bas, figuiers à feuilles luisantes, abricotiers, pruniers, orangers surtout. Leur feuillage en boule, correct et un peu fier, est parsemé de fleurs, en avril. Leurs senteurs capiteuses, humées et affinées par la chaleur, courent par bouffées, s'exhalent par des brèches de mur, vous surprennent au coin des sentiers sablonneux, comme si un jardin tout entier vous soufflait en une fois ses parfums sucrés et sensuels.

Quel plaisir on éprouve à s'étendre sous l'ombre agaçante et mobile des palmiers, dans un angle de jardin où l'on peut entrer par-dessus le mur rompu, à un croisement des chemins qui serpentent dans l'oasis ! Le passage a fini par les creuser ; ils sont en contre-bas des jardins : on n'aperçoit, par-dessus le petit mur, que la tête de ceux qui arrivent : une calotte blanche enfoncée, une chechia rouge, deux yeux tout blancs et un peu de la face d'un nègre plus haut que les autres, ou des files de trois ou quatre têtes ballottées sur le même âne, les enfants en croupe, la mère tenant le plus petit sur le cou de la bête. Les femmes arabes ramènent vivement leur *melhafa* sur la bouche, quand elles découvrent un étranger dans le jardin ; les négresses se couvrent aussi, mais plus lentement, par un simulacre de convenance, après qu'elles ont eu le temps de regarder à leur aise. Les toutes jeunes négresses, vêtues seulement d'une pièce de coton imprimé, posée à plat sur la tête, retombant en voile derrière les épaules, s'arrêtent une seconde, et s'enfuient à toutes jambes en rattrapant leur cotonnade qui coule de leur corps. Quant aux vieilles négresses, aux Arabes tannées qui cheminent avec un bâton, elles murmurent quelque chose qui peut être un bougonnement ou un bonjour. Certaines ont la lèvre inférieure avancée comme une petite soucoupe, stigmate de leur race ou déformation due à l'usage du *pélélé*. Tous ces gens sont d'ailleurs polis, la plupart aimables et vite familiers. Quelques-uns, troublés ou plus timides, m'accordaient même un *es selam alik* dont le sens est : « Le salut soit sur toi, au jour du Jugement, » qui est très cérémonieux et que les théologiens défendent de faire aux chrétiens.

La majeure partie des habitants de l'oasis sont des noirs ou des mulâtres. Mais on ne voit pas ici de ces faces bestiales, à grosses lèvres, dont on fait en Europe la caricature convenue du nègre. La plupart ont les yeux vifs, la figure intelligente, un peu allongée par le bas, et le nez bien détaché.

Certains ont un profil de chèvre à nez prolongé, avec la bouche dédaigneuse, comme les Sarakholé du Sénégal. D'autres, issus d'une même race évidemment, portent, sur un corps bien développé, — les jambes hautes et les épaules larges, — une toute petite tête d'un noir mat, la bouche fine et béante, avec des maxillaires aigus, les yeux bridés, comme clignants, pareille à une tête d'insecte ou de fœtus. Ceux qu'on voit avec un visage de brute, les lèvres en museau violacé, les sclérotiques sanglantes, sont le plus souvent des vieux à barbe grise, peut-être les représentants d'une race inférieure que les caravanes amenaient jadis et qui, depuis longtemps, n'ont plus cours sur les marchés d'esclaves.

Dans tous les chemins de l'oasis, la démarche des passants est charmante. Le sable sans souillure et sans ornières (car aucune voiture n'y passe), s'allonge en perspectives blondes comme les allées d'un square, marquées aux bifurcations par le dôme des saintes coubbas. La trace des pas s'efface vite ; il coule sur lui-même et se nivelle ; le sabot des bêtes n'y laisse qu'un clapotement de petits remous. Les pieds nus des Tripolitains s'y posent, glissent si légèrement, que leur marche alerte semble étouffée par un tapis. Tous les visages sont heureux, calmes, souriants, exempts de hâte. Les femmes sont enveloppées d'une longue couverture pelucheuse, d'un blanc terreux, sous laquelle leurs bras ne remuent point, mais que les genoux soulèvent régulièrement avec l'exagération de souplesse que mettent les soldats à marquer le pas. On ne voit de proéminent que ces genoux et leur ventre porté en avant, comme si toutes elles étaient enceintes ; la melhafa, traînant derrière, soulève à leurs pieds un petit nuage de poussière qui accompagne leur allure de déesses. Pour vous regarder, elles sont obligées de tourner la tête entièrement, afin d'orienter l'œil unique qu'elles laissent à jour dans la fente du voile. On en rencontre qui ont à la main un dévidoir en roseau ; d'autres, un tamis, une quenouille lainée de cette laine grisâtre dont on fait des haïks grêlés de points blancs. Quelques-unes filent en marchant, et combien est beau leur geste à grande envergure dans ce décor somptueux, parmi les dentelles d'ombre semées sur le sable ardent! Leurs mains, étant occupées, ne peuvent plus pincer le voile sous le menton; les lisières sont alors rapprochées et fermées par d'épaisses broches d'argent triangulaires. La bouche muette, les pas amortis, les vêtements flottant sans bruit : rien n'annonce leur arrivée. Quand elles vont plusieurs ensemble, leurs voix toujours un peu glaireuses, comme des personnes qui se lèvent, mais adoucies dans des chutes de phrases qui finissent sur des tons d'enfant, nasillards et niais, traînent sur un ton grave des *a* gutturaux.

Les négresses ont la prononciation plus ouverte et plus douce; leur œil toujours riant s'amuse de tout ce qu'il voit. Caquetant, s'esclaffant, jacassant de continu sur un ton haut, on les entend de loin, les jolies négresses, et on les voit venir vêtues de ramages ou de blanc jaunâtre comme les femmes arabes, mais tirebouchonnant l'étoffe après elles plutôt que la drapant, rompant à toute occasion la noblesse de leur marche et le cloître de leur voile, pour tortiller les hanches, courir, s'étonner, se retourner brusquement vers leurs enfants qui suivent, avec un gros ventre bombant sous la chemisette, bébés très sages qui ne crient jamais. Ils portent souvent d'énormes citrouilles aussi longues qu'eux, ou des esquifs jolis de forme, jaunes en dedans, verts dehors, qu'ils ont coupés dans un renflement de cactus. Parfois, une négresse rapporte du marché une tranche de ces citrouilles, en équilibre sur sa tête, comme un croissant d'or humide sur une Diane enveloppée ; ou bien des meules mouvantes se promènent dans un sentier : ce sont des nègres qui maintiennent sur leur tête un château d'halfa, en y piquant leur faucille à forme de tisonnier.

Parmi les voies nobles qui traversent l'oasis, la plus grandiose, — comme préparée pour un retour de triomphe, — c'est la route de Lebda[1].

Commencée au camp du pacha, elle perd, à mesure qu'elle s'éloigne, ses murs blancs pour s'élargir entre les murs habituels de terre sèche.

Dès lors, sablée moelleusement, sans ornières et sans traces de pas, entre les colonnes à chapiteaux bruissants des palmiers, qui renvoient dans les jardins l'écho de la mer, — proche sans qu'on la voie, elle prend une majesté qu'on ne retrouve sur aucun autre chemin de l'oasis, si ce n'est en

1. L'ancienne *Leptis Magna*.

l'autre allée de palmiers qui, à l'ouest, arrive à la porte de l'Égout. Le regard charmé court sur les perspectives blondes des chemins qui bifurquent. A l'angle se trouve quelquefois un mûrier, dont les branches torturées paraissent incompréhensibles à côté du facile élancement des palmiers voisins. Nul bruit que le froissement des palmes, ou le cri plaintif du marchand de bois qui passe avec son âne : *iââ moula'l hetob* (àoh ! l'mar'chand d'bois !)

Lorsque des nègres s'entr'aident pour construire dans un jardin une cabane neuve (des planches de palmier obliques sous une architrave, le plafond soutenu par des branches torses d'olivier), ils entonnent une litanie où l'on perçoit le nom d'Allah parmi les ahans ! Ou bien c'est un chameau fâché qui garrit, un féroce chien blanc qui vous guette sournoisement, vous rampe sur la crête d'un mur et, au plus près, vous tombe sur le dos avec des aboiements de rage...

A 5 ou 6 kilomètres de Tripoli, on rencontre un monticule d'argile dure, rayé de petits étages comme par des courbes de niveau ; de là, l'oasis, en manche de faucille, s'étend indéfiniment du côté de Lebda, moirée sous le ciel dilaté de lumière, par des ombres bleues qui courent sur la mer des cimes, au bord de l'autre mer, d'un bleu plus noir moutonné d'écume, tirée au bas du ciel, en rideau.

Mais il faut y aller, sur cette route de Lebda, la veille des grands marchés ; il faut la voir animée par des convois de chameaux et de petits ânes qui reprennent la poussière les uns des autres, sans lui donner le temps de retomber. Les chameaux apportent des rouleaux de tapis et de nattes, très longs, sur chaque flanc ; des charges d'amphores vides, grinçantes sous des filets ; de noires et énormes poulies de puits, des sacs de grain couchés sur eux comme des corps, des troncs de palmiers fendus en deux pour les bâtisses, des piles de couffins neufs, des pierres dans des paniers doubles, qui sont alors accouplés par une barre transversale posant sur la bosse, et donnent à la bête une démarche d'équilibriste. Des ânons, qu'on active avec des *feuss, feusseus*, balancent deux jarres pleines d'huile, au bouchon soigneusement luté : l'huile vendue à Tripoli vient surtout de la côte orientale, des environs] de Lebda, Masrâta et Moukhtour. Un fabricant d'outres à puiser — les grandes *gueurba* à tuyère de cuir pour les puits, les a pendues, par la trompe, au ventre du chameau, comme des têtes d'éléphants flasques. Ceux qui sont à l'aise sur leur bât, les mains libres, prennent tous la même pose : le bâton à poignée courbe, en usage ici, — la dernière mode de Londres, — dressé devant eux sur le pommeau, et, comme ils ne se départent jamais de la gravité arabe, on dirait des rois tenant leur sceptre.

Ceux qui suivent à pied les chameaux chargés, achètent en passant, pour le repas du soir, des petits pains safranés à un boulanger nègre, isolé sur la route, devant la coubba dédiée à « l'ami de Dieu », le puissant *sidi Ali ben Djabeur*, — familles entières, venues de loin, en plusieurs jours; vieux Abrahams à barbe blanche, qui marchent aussi allégrement que les jeunes; enfants déjà sérieux, initiés aux roueries des marchés; tous armés de hauts fusils, quelquefois deux croisés dans le dos, à la crosse ivoirée grossièrement. Certains même portent, attachés au cou, derrière le burnous, des estramaçons, larges lames du temps de saint Louis, échouées entre leurs mains, — après quelles vicissitudes[1] !

1. Le sabre des Touareg (*takouba, tikoubaouin*) n'en est que l'imitation.

*
* *

Les jolies voies sablées de l'oasis, enchevêtrées au centre, se réduisent, vers la lisière, à quelques directions plus simples. Les plus importantes sont bordées de maisons blanches et roses, toutes basses, groupées en villages autour d'un minaret de petite mosquée, — *Djama mesrane*, égayée d'un bruit d'école, *Djâma djedida*, qui a ses créneaux ornés de caisses de fleurs. A l'approche des derniers palmiers, les maisons s'amoindrissent de plus en plus ; on dirait de simples meubles de pisé rouge déposés au bord du chemin, — pauvreté ou paresse des bâtisseurs, ou habitude de se blottir sous des niches.

Les palmiers extrêmes sont à demi enterrés par les marées de sable dont les vagues, dômées sans pouvoir retomber, se gonflent entre eux comme sous une estacade. Il y en a pourtant qui retombent au delà du bourrelet dur que le temps a formé autour des jardins, s'élancent contre les faibles murs de terre sèche et déferlent de l'autre côté sur des champs cultivés. Le tracé de ces coups de sable se reconnait à un champ qui verdoie encore sous sa semure de sablon, à une maison ruinée, à des palmiers ensevelis dont les *djerids* rasent le sol. Le vent écrête continuellement ces levées de sable, emporte le blanc qui s'envole avec facilité, et laisse à nu des veines rouges moins mobiles. Quand on s'assied dessus, on y entend, au bout de quelques minutes, des bruits singuliers, comme des « cris » étouffés. Sa surface, douce au toucher, pareille à du velours, ou à une onde grasse, est parcourue de ciselures traînées en tous sens : c'est l'œuvre des scarabées noirs qu'on voit se déterrer tout à coup d'une place nette, et se hâter, gravir, sombrer dans des éboulis de sablon en laissant les marques de leurs tarses.

La côte de Tripolitaine pourrait être appelée *le pays rouge*. Le sable des chemins, la terre argileuse dont on fait les murs, l'immense étendue des monticules hors de l'oasis, les fourmis-lions dans leur entonnoir : tout est rouge, de cette couleur bien connue du « tripoli » à faire reluire. Rouge aussi plutôt que bronzée est la peau des campagnards qui amènent de loin leurs chameaux, dont le poil est plus roux qu'ailleurs. Enfin le zénith prend souvent, au-dessus d'une bande d'horizon bleu affaibli par des nuances citron, une teinte rouge d'incendie lointain; les nuées d'orage local qui se forment, épaisses, profondément découpées, promènent en l'air des lueurs rouge violacé, de courts éclairs orangés, qui donnent à la lumière diffuse un ton rougeâtre inquiétant, comme si le paysage était mis tout à coup sous des verrières de couleur. Après l'ondée, les chemins de l'oasis et les haies de *figuiers des chrétiens* (figuiers de Barbarie) fourmillent de petites grenouilles, maculées de rouge sur le dos et le ventre, et qui d'ordinaire se tiennent dans les bassins maçonnés près des puits. C'est la joie des enfants noirs de courir après elles; et comme le nègre est très donnant, ils vous apportent de ces bestioles, vous les mettent dans la main pour gage de leur petite amitié.

Au printemps, le ciel est dramatisé par une bataille continuelle entre le vent venu des sables et celui qui souffle de la mer. Tous les deux ou trois jours, en moyenne, il saute du sud-est au nord-est; les bouffées chaudes font place à un courant sec et froid. Il n'y aurait, pour être averti du changement, qu'à remarquer toutes ces joues sombres atteintes de fluxions, et singulièrement couvertes d'une mentonnière bariolée. Au lieu des nuées orageuses montées des hamâda, un voile de vapeurs grises s'étend, où traînassent des nuages sans forme, jamais si épais pourtant qu'il cache complètement le bleu transparent du ciel.

De même les couchers de soleil sont particuliers. Dardant à midi ses feux clairs, il s'embrume petit à petit en s'inclinant, tranche l'occident rouge cerise par de longues flèches d'un violet cru. On peut regarder en face, bien que haut encore, son globe devenu rouge de cuivre, comme il arrive en France, au mois de décembre, lorsqu'un soleil crémeux roule sans rayons dans un ciel de neige. Longtemps après, des montées de vapeurs orange et roses passent sur le couchant et caillent le ciel au zénith. Ces aspects d'un ciel brouillé, si différent de celui qu'on voit dans le Sahara sous la même latitude, sont dus aux brumes de la mer et aux remous de vent dans les Syrtes.

Les fruits se ressentent de cette humidité : les dattes de Tripoli, petites et sèches, excellentes sitôt cueillies, ne se conservent pas. Celles du Fezzan, plus petites encore, rabougries, coriaces, sans suc, portent les marques de ce climat, tour à tour brûlé et moite, — rouges d'un côté, foncées par les coups de soleil, blanches de l'autre, d'un blanc maladif. Les marchands sont forcés de les remuer continuellement pour qu'elles ne se gâtent pas. Les oranges de Tripoli, renommées (surtout les *demmy*, ou sanguines dont la chair carminée contient un jus abondant), ne peuvent pas s'exporter, pour la même raison. Elles se gâtent dans les caisses pendant le trajet.

Comme tout étranger qui se montre ici est exposé aux sympathies tenaces de ses compatriotes, j'ai dû subir les lamentations d'un Marseillais qui avait expédié en France des centaines d'oranges et de citrons et avait reçu avis de leur arrivée — en pourriture! Cependant un négociant turc de Salonique — fort instruit, qui lit le *Temps* et y trouve des articles *biz mist* (pessimistes) sur la Tunisie, m'a affirmé qu'il en avait fait parvenir d'excellentes à Batoum, mais à condition de ne prendre que celles d'octobre, novembre et décembre. A partir de janvier, elles pourrissent.

*
* *

J'aime à interroger les gens dont la mine ouverte fait présager une sincérité plus facile. Un vieux berger arabe, dont la face n'est que bosselures d'os et sillons de muscles secs, me parle du Fezzan; mais il retombe sans cesse à quatre ou cinq réponses qui résument toutes ses idées sur ce pays :

— Le Fezzan, par là !... dit-il, en s'orientant et en coupant l'air de petites saccades de sa main, — par là. Tu connais bien la distance entre Zoâra et Benghazi? Eh bien, le Fezzan « va dans le sud avec la même largeur ».

— Et combien de jours de voyage pour y arriver?

— Dix-huit, avec le chameau, répond-il sans hésiter.

— Dix-huit? mais si tu montes à cheval?...

— Tsa, tsa, écoute bien, écoute...

Et il se démène pour me faire comprendre une explication bien difficile :

— Si tu montes sur le chameau, tu voyages un

peu, un peu, mais tous les jours; si tu montes sur le cheval, tu vas plus vite, mais il faut qu'il se repose tous les six ou sept jours, parce que le cheval n'a pas le ventre (*el kerch*) du chameau, et tu perds du temps, et au bout, c'est la même chose, — *soua, soua,* — c'est tout comme.

Cette grande plaine monticuleuse qu'on croirait toute de sable jusqu'au Soudan ne dure, dit-il, que « quatre heures de marche, à chameau ». — Après le sable, on trouve l'argile (*et tine*).

— Et après Mourzouk? (C'est la capitale du Fezzan.) — Après?

— Après? Il faut que tu voyages trois mois.

— Trois? (Les autres m'ont toujours dit deux.)

— Oui, trois mois, et tu arrives au Bournou, *blad es Soudan*, le pays des noirs.

Il fait la grimace quand je lui parle de Mourzouk :

— Beaucoup de commerce à Mourzouk, beaucoup au Fezzan; mais la chaleur desséchante (*el heurr*), la fièvre, toutes sortes de maladies; tandis qu'à Tripoli, bonne ville, ville *vendeuse*; l'eau est bonne, la nourriture est bonne, l'air est bon et il n'y a pas de maladies. »

C'est un des rares hommes que j'aie rencontrés,

satisfait du lieu qu'il habite. Un jeune Arabe employé au télégraphe anglais méprise Tripoli, sa ville natale, parce qu'on n'y trouve pas de travail. Un pauvre nègre de vingt ans, arrivé de Masràta (sur la côte de la Grande Syrte), amaigri par le voyage, et les joues pâles de faim sous leur noir, se fâche contre Tripoli qu'il appelle « la plus mauvaise ville sur le visage du monde » parce qu'on y trouve encore moins à travailler qu'à Masràta Par contre, un nègre du Bornou, rencontré à Tunis, parlait de l'île de Djerba et de Tripoli avec admiration : « Là, tu trouves de l'huile, des moutons, des palmiers, — du travail; il y a des *flouss* (des liards, de l'argent), tandis qu'à Tunis! ville morte! on n'a qu'à dormir; pas de travail... » A Béja, près de Tunis, j'ai connu aussi une femme native de Tripoli, mais de parents italiens, qui s'écriait : « Béja? quoi faire à Béja? Rien. Tunis, ah! bonne ville, Tunis, et Tripoli donc, la meilleure de toutes les villes! Tout le monde a des *flouss* (nous parlions en arabe, ne parvenant pas à nous comprendre dans un autre langage), tout le monde est riche; il n'y a pas de pauvres à Tripoli. » De telle sorte que, me souvenant plus tard des descriptions de la dame de Béja, je cherchais où pouvaient être les rues pavées d'ivoire, et je m'étonnais que tous les sièges ne fussent pas rembourrés avec des plumes d'autruche.

***

C'est dans des magasins que les marchands enfouissent les richesses qu'on leur apporte du Soudan. Ils n'exposent rien en vue. Aussi, à la nuit, les rues sans boutiques deviennent très sombres. De loin en loin, une lanterne accrochée au mur jalonne de tristesse ces passages noirs, et n'empêche pas qu'on se heurte aux passants dans les fausses ombres. Ajoutez les processions de chameaux qui pénètrent dans ces ruelles, vous poursuivent de leurs grandes enjambées, pour aller décharger leurs marchandises dans les boutiques de négociants, où on les fait agenouiller près du comptoir, et vous saurez qu'une flânerie, la nuit, dans les rues de Tripoli doit être accompagnée de précautions. Cependant la ville n'est pas déserte : un peuple de soldats s'y est installé dans l'obscurité, en postes volants dans les carrefours, en renforts dans les corps de garde. On se heurte à des patrouilles parcourant la ville au pas accéléré, troupes de malheureux à fez sales et aux armes reluisantes. La Porte de la Mer, si animée le jour, entre-bâille ses vantaux. La voûte est obstruée de soldats qui défendent de sortir ou d'entrer. On se croirait au milieu d'une armée qui campe sa dernière nuit avant la bataille du lendemain.

Devant le parapet de ronde qui masque la vue de la mer à la rue du nord, des sentinelles veillent, l'arme au bras, et il semble que la consigne ordonne d'observer dans la rue aussi bien que vers la mer, car elles se dérangent pour vous examiner, quand on passe au-dessous d'elles, dans la rue. Un Arabe monte parfois les cinq marches creusées dans l'épaisseur du mur, et vient jeter un coup d'œil par-dessus le parapet, dont le pied est battu régulièrement par une vague lourde de détritus. Dans la rade sans feux de port, il n'y a que les lumières brumeuses des cuirassés turcs et de quelques bateaux ensommeillés pour la nuit; au delà du cercle protecteur de rochers, des rouleaux d'écume surgissent et passent, fantômes bleus à lueurs blanches, tandis que des bâillements de trompette sont apportés de l'escadre par le vent;

— et la sentinelle inquiète, dressée à craindre les surprises du côté de cette mer toute noire, penche le corps, cherche à pénétrer de l'œil l'immensité obscure qui mugit sous le rempart.

Jadis on devait craindre ainsi les flottes de trirèmes sans fanaux glissant jusque sous les murs des villes assombries, car les villes s'endormaient de bonne heure comme ici, malgré les hasards de la nuit...

Du côté de l'arsenal, d'autres sons de trompette expirent plusieurs fois par heure, — bien après que les mouezzins de *Djâma elbâcha* ou de *Djâma yarquout* ont fait l'*izan* du haut des minarets, l'appel pour la prière du soir (l'*aacha*, vers 8 heures et demie). Ils le chantent ici, l'*izan*, au lieu de le déclamer, comme en Algérie, le vocalisent sur un air qui a été à peu près copié par Félicien David, dans le *Désert*, mais avec des modulations plus finement chromatiques, moins régularisées par nos espaces convenus.

Près du château du pacha, dans l'avenue gardée aux deux bouts par des sentinelles, les lanternes de travers, allumées dans les jardinets, se reflètent dans les vitraux sombres des kiosques de plaisir, parmi les volubilis endormis, faiblissants, tandis que les murs gris de la haute bastille empêchent qu'on n'entende dans l'avenue l'écho de la mer. Les Arabes qui entrent à cette heure par Bab-el-Medina sont fouillés plus minutieusement... Par les soirs lourds et humides, ou les belles nuits constellées d'étoiles, quelques fonctionnaires et négociants de marque, coiffés du fez rouge, mais vêtus à l'européenne avec un luxe démodé, ou bien portant des robes longues de soie riche sous une lévite noire, viennent faire, dans la courte avenue, quelques tours de promenade. Un grand nègre les précède de quelques pas, en tenant leur pardessus et une lanterne allumée; les plus considérables s'avancent, la canne à la main, entre deux domestiques, le porteur de lanterne devant, un petit nègre pour le pardessus, derrière. Ces gros corps imposants et essoufflés qui fument leur cigare, le long des bâtisses militaires, près des postes de nuit, vous donnent l'idée comique d'un soldat rétif que deux caporaux escorteraient jusqu'à la salle de police.

*
* *

Il est charmant de traverser l'oasis dans toute sa largeur, pour gagner le bourrelet de sable accumulé contre les derniers palmiers et, de là, contempler l'immense plaine rougeâtre. Elle s'éloigne tout autour, mouvementée par des ondulations à pentes longues. Le ciel semble continuer la perspective du sable, dont l'horizon, très loin, est dépassé faiblement par une petite dentelure bleue, indécise par places : c'est la ligne des *hamâda*, des plateaux pierreux desséchés par le soleil. Mais, par là aussi, commence un pays de mystère que les cartes laissent en blanc, des routes à peine explorées, infiniment longues, sur lesquelles s'entent des bifurcations pour des oasis dont le nom même est inconnu, les routes de Ghadamès, de Mourzouk, et au delà Aghadès, Sokoto, ou bien Rhât, l'impénétrable, et Kouka, près du lac Tchad... Couché sur le haut d'un monticule, agacé par des escalades de scarabées noirs, dans un silence que troublent de loin en loin les bouffées de vent chaud arrivant du sud et froissant les feuilles d'oliviers et de palmiers, — les aboiements des chiens blancs, et l'éternelle « extinction des feux » des trompettes turques, les yeux fascinés par l'au-delà des collines de Ghourian, on tâche de deviner, par derrière elles, — que le désir de connaître perce ce paysage, vainque le mutisme du ciel et de la terre. Mais les mornes monticules, sans arbre et sans herbe, continuent impassiblement à sinuer sous le regard. Seulement, lorsque des nuages se forment et qu'un coup de vent passe, une poussière jaune jaillit de leur sommet, comme si un doigt donnait des chiquenaudes sur tous en même temps, et cette poussière flâne en l'air — avant de vous arriver aux yeux, de retomber en grésillant sur les feuillages d'alentour. Rarement apparaît un homme isolé. Mais on voit s'élever lentement sur une côte, disparaître dans un fond, puis dévaler d'une autre butte, des troupes de chameaux — des *ibel*, portant comme deux tours vacillantes d'énormes bottelées d'halfa, trop larges souvent pour les chemins épineux de l'oasis. De loin leur file, serrée flanc à flanc, et où toutes les jambes vont à temps égaux, ressemble à une bête à mille pattes se tordant sur le sable. Les chameliers portent en travers du dos des fusils très longs, à crosse de bois plaquée d'ivoire épais.

Il est si rare de voir un Européen dans ces chemins écartés, que, m'apercevant sur la dune, les petites troupes qui passaient non loin, se détournaient un peu vers moi. L'approche, en ce pays peu sûr, a toujours lieu avec des allures de défiance, un air indécis de tourner autour d'un piège. Et les visages rouges, dépassés par le canon des hauts fusils, m'interrogeaient :

— Où vas-tu, tout seul?

— Je me promène, je regarde...

— Tu te promènes!... Ah! grand négociant alors, mercanti?...

Quand je répondais que je venais de Tunis, cette question partait aussitôt : « Est-ce que les Français vont venir à Tripoli? » D'autres même, plus simples d'esprit, concluaient tout de suite, de me voir : « Les Français vont donc venir prendre Tripoli? ou alors les Italiens, les *Talianes?...* »

Ces questions montrent dans quel état d'esprit vit la population de Tripolitaine.

L'inquiétude qu'ils éprouvent en s'apercevant

les uns les autres sur les routes, ils la grandissent en appréhensions d'attaques de plus redoutables ennemis. Cependant, il y a peut-être encore plus de curiosité chez ces campagnards que de crainte réelle, car leur indifférence paraît complète à l'égard de la nationalité de leurs gouvernants.

Les Turcs ont eu à Tripoli jusqu'à trente mille hommes, pendant la campagne de Tunisie. Il y en a encore une douzaine de mille, autant pour protéger la Tripolitaine des entreprises des chrétiens que pour inspirer le respect à leurs frères en religion, les Arabes. Turcs, Français, ou Italiens, ils n'ont pas de répugnance spéciale. Peut-être même que les Turcs, qui sont connus comme mauvais, viendraient, dans leur choix, après les Français ou les Italiens qui représentent l'inconnu; il n'y a de préférence populaire, en ville, que pour les Anglais, parce qu'ils sont réputés payer tout service un douro, alors que la journée de travail ordinaire à Tripoli est d'environ dix sous. Aussi bien, qu'importe aux cœurs vraiment musulmans? Ceux-là n'attendent que le réveil de la patrie arabe, seule digne d'un dévot, la légitimité d'un calife dans le triomphe de la foi.

LES PORTES DE TUNIS

Les portes de Tunis ont un charme particulier. Il est difficile, souvent, de se dégager des ruelles compliquées et des impasses qui les avoisinent ; puis soudain, passé leur voûte, apparaît une campagne d'un vert pur, des champs et des prés larges ondulant à l'aise sur de molles pentes, sans avoir cet aspect morcelé et souillé des cultures qui entourent les grandes villes. Chaque fois, j'ai ressenti une très délicate joie à retrouver si vite le grand air et l'espace, après les odeurs des quartiers pauvres.

Ici, c'est la campagne qui vient, comme la mer au bord d'un quai, clapoter contre les remparts ; Tunis n'a pas semé, au dehors, de ces masures de banlieue qui, ailleurs, défilent interminablement le long des routes. On trouve à peine une guinguette à la porte Khadra, et une autre à la porte Saàdoun, les deux portes les plus fréquentées au nord-est et au nord, car elles donnent passage, la première, à la route de la Marsa et de la Goulette ; la seconde, à celle du Bardo. La sortie des portes, de toutes, est grave, presque triste, au milieu des cimetières ruinés. Des tombes, des assemblées de tombes dont chacune est une miniature de maison avec un toit à deux pentes, voilà les seuls faubourgs que Tunis ait rejetés, depuis des siècles, hors de ses portes. Ses murs une fois placés dans le sol, elle n'a pas eu besoin, depuis bien longtemps, de faire éclater cette ceinture rigoureuse. L'activité intérieure a manqué. On le comprend en observant les figures : aucune n'est affairée ; partout des allures de flâneur. Même aux portes les plus passagères, on ne voit jamais ces courants pressés d'entrants et de sortants qui déjà, se remarquent à Alger, même à Tripoli d'Occident. Aussi bien ces portes lourdes, plus larges que hautes, sont faites pour une population tranquille, qui goûte la vie en sécurité ; au-dessus, les énormes pierres des créneaux l'indiquent : elles sont abandonnées à l'herbe ; et encore plus, dans les embrasures, les canons invalides, presque toujours chavirés sur un de leurs tourillons, la gueule barbue d'un gazon dérisoire.

Je vais souvent à la porte Khadra, qui s'ouvre à peu près dans la direction de Carthage. Elle est bâtie, comme les autres, en grosses pierres roussies au soleil et quadrillées par des joints plus blancs. Sa voûte se bifurque pour recevoir l'entrée d'une autre rue, toute blanche, basse et très longue, la rue Souki-bel-Kheir, qui mène jusqu'à la place Halfaouïne, et tellement découpée d'impasses qu'on dirait le panneton d'une clef de coffre-fort. Une réverbération éclatante arrive donc latéralement sous la voûte de Bab-Khadra, et comme il y a là un poulailler installé dans une petite arcade, elle y entretient une gaieté sans cesse gloussante. Au dehors, tout de suite, un carrefour peu vaste, de terre grise piétinée, qui est souvent boueuse autour d'un abreuvoir où des ânes, hérissés de charges maladroites, viennent se désaltérer. Un peu plus loin, à des amorces de chemins, deux grosses *coubbas* dont les calottes blanches font songer à des ballons emprisonnés dans une maçonnerie. Puis commence le cimetière, l'éternel cimetière qu'on retrouve tout autour de Tunis, à peine enclos ici d'un morceau de petit mur, qui cesse bientôt pour laisser les tombes se répandre sur les monticules et vagabonder sans limites. Elles seraient cachées entièrement, à cette époque-ci (au printemps), par les hautes herbes, si l'on n'avait ouvert nouvellement une sorte de boulevard qui longe de près les murs de la ville, et traverse parmi les pierres tumulaires, pour s'élever peu à peu au-dessus d'elles.

Le matin et dans le milieu du jour, ce boulevard et la porte Khadra elle-même sont à peu près déserts. Il n'y a de vivant que des rangées d'arbres alignés selon le goût d'Europe, et dont le feuillage fin tremblote au vent continuel qui vient de la mer, par-dessus le lac de Tunis. Par là se tiennent généralement quelques troupes d'enfants à moitié nus, qui jouent discrètement, presque sans crier, derrière des forêts d'orties, plus hautes au pied du mur. Ce ne sont pas des Tunisiens de la ville, mais les enfants de quelques nomades campés loin dans les champs, du côté du Bardo, sous des haillons de tentes. De même que leurs parents sont retenus hors de Tunis par un besoin vague de déplacement, ils obéissent, eux, à un instinct de sauvagerie pareille, en choisissant exclusivement pour leur terrain de parcours le pied des murailles. Jamais je ne les ai rencontrés en ville.

Je suis connu d'une de ces petites familles. Dès qu'elle m'aperçoit, elle bondit dans la verdure, vient me demander des sous. Ce qu'on voit de leur peau nue a la couleur de certains pelages de petites biches entrevues dans les taillis. Les voici tous les quatre ; jamais il n'en manque un ; jamais non plus de nouveau camarade avec eux : deux fillettes de huit à dix ans, drapées dans une pièce de cotonnade bleue, qui descend des épaules aux genoux, mais laisse voir, au moindre mouvement la poitrine entière, et tout leur corps, moins la ceinture, quand elles courent ; à leurs oreilles cliquettent ces énormes cercles d'argent qui, avec l'étoffe bleue, sont habituels aux femmes de la campagne en Tunisie. Le plus grand frère, du même âge que ses sœurs, semble avoir pour goût spécial de cavalcader par-dessus les tombes. Quant au dernier qui arrive, l'autre frère, il n'a que quatre ans, et marche complètement nu par devant ; mais, derrière ses cuisses et son ventre cuivrés, il traîne, comme un paradoxe de la pudeur, un pardessus européen de couleur *mastic*. C'est toujours lui qu'on me présente : « *Meskin, meskin*, il est pauvre, il est bien pauvre », soupire, l'aînée des sœurs. Et il est si comique ce minuscule dandy, tout nu dans son paletot à la dernière mode de Paris ! Et il a l'air si réjoui, si heureux de la vie, surtout si éloigné de comprendre comment il pourrait être pauvre ! Sa distraction, quand on implore pour lui, son air béat de bourgeois sans désirs, semblent protester contre les lamentations de sa sœur. Mais quand il s'agit de demander pour elle, le ton change ; elle prend une voix agacée, brève et coquette : « Un sou aussi, un sou pour moi. — Mais tu as, lui dis-je, de très beaux anneaux d'argent aux oreilles, tu es riche !... » Alors elle se met à rire, à rire..., et pour se venger, commence à me harceler, me tiraille, me torture, danse, la langue tirée comme une pendue. Les autres, devenus très graves subitement, hochent la tête et l'excusent ; elle est *medjnounna*, disent-ils, elle a un *djinn* (un génie) dans la tête. Chaque fois, pour me délivrer du *djinn*, il faut que je le repousse dans le fossé, d'où il s'échappe moitié riant, moitié effrayé, tandis que le petit frère tout nu s'enfuit en trébuchant dans son pardessus, comme un pingouin qui traîne ses ailes. Oh! la jolie troupe de petits lutins de légende, aussi jolie en se sauvant que pour accourir, toute tintinnabulante d'argent, et possédée d'une joie qui fait briller, dans les rires, leurs dents éclatantes, et rire aussi leurs yeux ardents, d'une pureté de lait, et rougir leurs pommettes sous leurs joues brunes! Chaque fois qu'ils avaient disparu, je leur murmurais en moi-même « au revoir », et je regrettais de n'avoir pas assez vu danser leurs pieds délicats, veloutés de poussière, et les aperçus charmants sur les poitrines qui s'aèrent à chaque mouvement, leurs poitrines parfaites à peine marquées d'un sexe.

Ce n'est que vers cinq heures, lorsque les commerçants des souks commencent à fermer leurs boutiques, que les environs de la porte Khadra s'animent réellement, et lui font mériter son rang de porte passagère. Alors on voit sortir des calèches de louage, brillantes de cuivreries et démodées, qui reportent à la Marsa ou à l'Ariana les gens venus pour la journée à Tunis ; il y a même une sorte d'omnibus pour l'Ariana; on le voit circuler de temps en temps. Quelques Tunisiens en burnous de drap clair, traînant leurs savates jaunes qui claquent doublement contre terre et contre leurs talons, élégants d'habits, et les jambes nues ; d'autres, mettant leur vanité à couvrir de bas très blancs leurs mollets trop gras, mais en burnous négligés, et le turban déficelé, vont et viennent quelques tours, puis finissent par s'asseoir sur des planches ou des escabeaux trébuchants, adossés au mur, en dehors de la porte Khadra.

C'est là, sur ces bancs, que siège toute la journée le contrôleur d'octroi. Là encore, venait s'asseoir, presque tous les jours, au mois d'avril, un groupe de Juifs amis. Ils se tournaient, en cercle intime, l'un vers l'autre, et se jouaient, pour eux, un petit concert en sourdine, qui, entendu à distance, grésillait comme les sons d'acier d'une boîte à musique. Aucun autre cercle ne se forme autour d'eux, d'abord, parce que le passant arabe n'est point badaud en ces occasions-là, et ensuite, parce que ce sont des Juifs. Le musulman ne trouverait pas digne de lui de s'arrêter en public pour prendre part, même d'oreille, au passe-temps d'un Juif. Ceux même qui sont assis autour des exécutants, et prennent plaisir à leur musique, leur tournent le dos généralement, et n'ont pas l'air d'entendre ; aux passages les plus doux, ils ne se gêneront point pour crier tout haut un bonjour à quelque ami qui passe ; et, que la musique finisse ou reprenne, leur figure montre la même indifférence.

Ils ne sont pas plus curieux, et ne se dérangent pas davantage, lorsque s'élance de la voûte, avec un fracas de bêtes ardentes, quelque riche coupé venu dernièrement de Paris ; fils de vizir qui se promène, ou parent du bey, ou bien Juif millionnaire qui a voulu rompre avec la crasse de ses ancêtres : on les voit passer joufflus, rosés et vêtus de couleurs de bal, dans leur voiture tendue de satin jaune ou de vert cru, car le goût tunisien a persisté dans les couleurs, de même que dans le choix des mules. Malgré leur harnachement parisien, elles ont, ces mules, conservé un inutile et charmant tour de cou fait de quadruples chainettes de cuivre qui bruissent avec un son plus doux que nos grelots. Ils s'en vont, fringants comme doivent l'être des équipages riches, énuageant la poussière blonde sur le boulevard qui traverse le cimetière, et ils rentrent par la porte Bou-Saàdoun, la suivante. Je ne sais même pas si les arbres de cette route ne sont pas des acacias : leur singerie de mondanité n'en serait que plus complète ; l'allée des acacias de Tunis, où l'on ne se croise qu'avec des âniers, des chameliers, ou des colporteurs de charbon, — et si peu fourni, le grand monde !...

Quand le soleil est couché, les quelques flâneurs qui piétinaient devant la porte se rapprochent et rentrent ; c'est l'heure de la prière du couchant ; les mouezzins l'annoncent, de ci de là, au-dessus de la ville. Les musulmans vont aux mosquées, presque tous. Il y en a une toute petite dans l'angle de Bab-Khadra, dès que l'on est rentré en ville ; sa porte, éclatante de vermillon et de vert, avec une lyre blanche peinte au milieu, est entr'ouverte à certains jours connus des Tunisiens pieux. L'un après l'autre, les burnous se coulent en silence dans l'entre-bâillement. Il en reste quelquefois un ou deux en dehors de la ville ; alors ils se rapprochent d'une des deux grosses coubbas, et se choisissent une place propre pour se prosterner. En se tournant vers l'Orient, ils semblent adorer le lac de Tunis tout empourpré à cette heure par des reflets de nuages, mais aucun d'eux n'est même gêné par la façade blanche de la nouvelle basilique chrétienne qui reste en vue, tout au loin, sur un monticule de Carthage, comme une mire persistante ; on dirait qu'elle barre le chemin à leurs prières... Les Juifs musiciens se lèvent à leur tour. Quand ils rentrent sous la voûte de Bab-Khadra, devenue déjà plus silencieuse, on entend quelques minutes encore leurs fredonnements nasillards, soutenus par de petites notes grattées sur les luths et les tambourins.

*
* *

En longeant le mur de Tunis, dans la direction opposée au lac, — morne mur sans créneaux, mur gris rapiécé de maçonnerie plus fraîche, et que ne domine aucun clocheton, aucune maison de l'intérieur, on passe devant la porte Sidi-abd-es-Selam, dont l'arc s'ouvre au dedans sur de grands espaces chétivement construits et des aires poussiéreuses. Elle paraît moins haute et moins large que les autres, quoique ses pierres soient aussi grosses, parce que son pied est enfoui dans une forêt d'orties gigantesques. Bab-Sidi-abd-es-Selam semble comme délaissée par les passants ; la rue étroite qui pénètre en ville derrière elle, rappelle un couloir de couvent : droite, blanche, percée de petites portes très simples, dans des maisonnettes tellement basses que l'œil rencontre à tout moment, quand on les longe, des terrasses à sa hauteur. Mais la perspective montre, plus loin, des façades alternativement bleues, jaunes et roses, et les portes ont des dentelles de gros clous, — ce qui ramène bien vite la sensation de l'Orient.

*
* *

Encore le mur froid, mal crépi, le mur qui paraît fragile toutes les fois qu'il se soude aux puissantes assises des portes, puis c'est Bab-Bou-Saâdoun, la plus vulgaire de toutes, peut-être à cause d'un cabaret en treillage qui se trouve au bord de la route, le seul autour de Tunis ; ou parce qu'il y a là toujours des fiacres mal harnachés qui attendent. Leur clientèle se compose surtout des gens qui vont et viennent entre Tunis et le palais disgracié du Bardo, où végète encore pourtant une triste colonie de boutiquiers. Ah ! les montées en voiture musulmanes ! l'engouffrement dans ces petites cages des volumineuses Tunisiennes, leurs mains aux ongles jaunes, halant sur de vastes paquets noués de foulards bleu ciel ou rose tendre ; leurs voiles qui s'accrochent, leurs bandeaux de figure qui se dérangent, et leurs babouches voyantes tâtonnant sur les marchepieds ! Et, quand la portière du fiacre est refermée, on aperçoit un entassement de voiles, de burnous, de figures et de paquets comprimés les uns par les autres, la mêlée des rayures, des ramages et des couleurs tendres luttant comme des édredons pour se distendre....

Du côté du Bardo, la campagne est enclose par un ancien aqueduc qui développe le noble cercle de ses arcades, au delà desquelles se retrouve l'horizon tranché des champs, et qui, hautes sur le ciel bleu, portent leurs pierres rousses d'un pilier à l'autre, interminablement.

*
* *

A la porte Saâdoun finit le boulevard de ronde, si bien parallélisé par les agents-voyers. La route du Bardo s'éloigne aussi brusquement des murs ; il ne reste plus à leur pied qu'un chemin bosselé, tantôt large et tantôt étroit, qui monte en les frôlant d'un côté et vagabonde, par les ornières de son autre bord, sur des monticules parsemés de tombes. En voyant cette montée raboteuse, dénudée par le piétinement, qui serpente au bas du mur rectiligne, l'esprit recompose la vision du Golgotha, tel que les images le montrent à des yeux d'enfants, avec son sol terne et ses pierres perfides sur lesquelles le pied butte. Si les hautes herbes du champ des tombes ne viennent plus, ici, houler jusque sur le mur, du moins ne voit-on aucune de ces traînées d'immondices, aucune de ces ignobles souillures qui enlaidissent les abords des grandes villes; quelques pans de murs en ruine, des buttes écroulées bientôt couvertes par l'intense végétation, et c'est tout. Les tombes, souvent défoncées ou inclinées avec les affaissements du terrain, forment autant d'étroites clairières dallées de blanc dans l'herbe verte.

Toute cette face de Tunis tournée à l'ouest, murs et champs, donne bien l'impression du laisser-aller musulman; le paysage a pris, à la longue, l'empreinte des gens qui le parcourent, emportés vers le grandiose, mais capricieux dans leurs efforts, édifiant des bastions imposants reliés par des muri ridicules, vivant, sans en être choqués, au milieu de ruines lamentables, de forts éventrés, de tombeaux à jour, de terrains effondrés devant des portes ; ils n'ont pas honte de toutes ces misères et les donnent volontiers pour preuves de leur conviction que la vie de ce monde ne mérite que mépris. « Car sachez, dit un beau verset de la Sourate du Fer, que la vie de ce monde est un jeu, un décor pour lui, et une gloriole entre vous. L'accroissement des biens et des enfants est pareil à un nuage de pluie ; sa végétation charme l'infidèle ; mais ensuite sévit la langueur jaune, puis la plante se casse de sécheresse. Et dans l'autre vie, le rude châtiment. » Nulle part on ne se sent, mieux que sur ce revers de Tunis, frappé de la sensation d'une grande cité surprise par notre civilisation, il y a quelques années à peine, en flagrant délit d'abandon d'elle-même.

Les trois portes qui s'y trouvent, Bab-el-Benat (la porte des filles), Bab-Sidi-Abdallah et Bab-Sidi-Quassem, participent de l'aspect mélancolique du paysage. A midi, quand le soleil les brûle, elles paraissent blanches sur le gris sale du mur de ronde, quoique leurs pierres soient rousses ; et ces trois façades espacées règnent seules au-dessus du terrain nu, presque toujours désert pendant le milieu du jour. Les gens qu'on rencontre par là ne sont plus les mêmes ; aucune voiture ne se hasarde le long du rempart, seuls les mulets et les ânes, et encore très rares. On les voit paraître et disparaître entre les vagues du sol. Souvent un gros Tunisien très parfumé, très orné, chaussé de *firni* (souliers vernis), chemine sur une mule harnachée à l'ancienne mode : pommeau de selle et troussequin en peau de léopard, étriers d'argent, mors d'argent, avec un tapis de selle qui déborde sur le ventre de la bête en petites oriflammes de soie éclatante, et un quadruple collier de cuivre, et des glands de soie, des ganses qui tiennent un sachet à amulette, tout un attirail de monture d'Opéra : ce sont des riches qui regagnent, au plus court, leurs maisons de campagne de la Manouba ou de Zaghouan, dont la route se retrouve par là sur le bord du lac Sedjoum. On repense alors d'autant mieux à la montée du Calvaire, en voyant ces cavaliers ornés de couleurs franches, presque pareils aux officiers romains que les tableaux représentent autour des trois croix.

*
* *

De toutes les portes de Tunis, c'est la porte d'El-Benat que je préfère. Quoique assez passagère, elle est moins publique que les autres, plus intime en quelque sorte ; elle a ses flâneurs à elle. Oh ! les bonnes heures que l'on passe là vers le soir, assis sur un banc de pierre adouci par une natte que chacun avance un peu vers le nouveau venu, en lui faisant place ! C'est le banc des contrôleurs d'octroi, mais comme il est placé juste en face du couchant, il y a toujours quelque bon Arabe qui vient s'accroupir sur la natte, silencieux, les genoux enrobés dans son burnous, grillant des cigarettes en attendant l'heure du *maghreb*. A tout moment, surtout la veille des jours de marché, une bande de chameaux émerge péniblement d'un chemin de traverse très raide, dont on n'aperçoit, du banc, que le débouché entre les hautes moissons. Ils font tous à la suite le même effort des jambes, des reins et du cou pour escalader la dernière marche de la pente ; et ces efforts ont quelque chose d'humain, je ne sais si c'est à la résignation qu'on lit dans leurs yeux, ou dans les précautions de leurs jambes, arc-boutées comme celles d'un homme qui peine devant une charrette, ou dans les contorsions de leur cou long qui se tend. A peine débouchent-ils sur une petite aire qui précède la porte, qu'ahuris, la lèvre pendante d'un dédain comique, ils se mêlent, s'enchevêtrent, se pressent stupidement. Alors ce sont des cris de leurs conducteurs, rudes campagnards, hauts, maigres et hâlés, qui à leur tour achèvent l'escalade du raide sentier, et accourent en burnous terreux, avec un bruit de jupes; les coups de triques mats s'abattent sur les flancs des chameaux. Ils sont tellement battus, ces flancs, qu'on y voit une place luisante et noire comme sur les grosses caisses au point où le tampon frappe. On les dirige continuellement vers un petit enclos, d'un pied au-dessus de terre, qui renferme deux tombes de marabouts. Elles sont couchées côte à côte; étroites et courtes comme des cercueils d'enfants, mais leur toit à deux pentes leur donne aussi bien l'air de châsses ébauchées; à leur tête, la piété enfantine des Arabes a édifié deux coubbas en miniature avec de petites portes où le bras n'entrerait pas. Elles sont jolies, ces deux tombes, mais combien surtout privilégiées! car est-il un endroit plus exquis pour dormir le sommeil final, que ce petit enclos respecté de tous, où jamais ne se pose un pied irrévérencieux? Il reste comme exigeant le souvenir au milieu des foules d'hommes et de chameaux qui le frôlent quotidiennement, divisées autour de ses angles comme une onde à la pointe d'une île. A l'intérieur de l'enclos, le vent fait voler parfois des touffes de poil roux que les coups de trique ont arrachées des dos.

Le sol des tombes frémit bien souvent sous un tumulte soudain : chameaux rétifs qui se défendent, ou maladroits qui versent leurs sacs; disputes à grands éclats de voix entre le percepteur des taxes et les Arabes de la campagne; paniques des chameaux imbéciles dont la moitié se lève subitement et s'engouffre dans la ville, avant qu'on ait obtenu le laissez-passer ou calculé la taxe. Alors ce sont des rappels désespérés vers les chameaux, des serments gémissants, des invocations à Dieu, « maître des mondes », ou des totaux de calcul discutés avec une telle véhémence que les moineaux d'alentour s'enfuient à tire-d'aile. On dirait des gens décidés à se tuer.

Mais le contrôleur tunisien, élégant, mondain même, — chaussé, lui, sait rester supérieur par toute sa personne de fonctionnaire à ces grands diables qui traînent leurs pieds nus sur de petits paillassons tressés par eux-mêmes.

— *Teskra ! Teskra* ! « Le billet, le laissez-passer ? » On n'entend que ce mot, autoritaire dans la bouche de l'employé, sur un ton humblement explicatif de la part de ceux qui veulent entrer.

Et quand on s'est trompé sur le nombre de bêtes, qu'on les recompte, les voilà qui s'éparpillent, s'enfuient encore, s'embrouillent avec d'autres qui débouchaient en même temps du haut du sentier...

— *Teskra* ? « Vos billets ? » — *Andna, andna,* « Nous les avons, nous les avons ! » crient les campagnards; en dévalant comme une trombe sous la porte et dans la rue en pente raide qui lui fait suite.

De temps en temps une vieille, cassée, dont les yeux toujours jeunes sourient, vêtue de linges sales qui tombent en franges à partir de sa taille, mais qui a devant la bouche un bandeau toujours propre, soigneusement tendu, s'approche, absorbée dans la conduite de son âne. Elle le cingle et lui pousse les hanches de sa main bleu-veinée, où les tatouages bleus se confondent avec les veines. Elle apporte une charge de brindilles; l'employé fouille dans ses paniers; elle affirme qu'elle n'entre rien en fraude; et l'on s'étonne de sa voix si épuisée pour des yeux si vifs encore...

Quand le soleil est couché, le percepteur de taxes ferme sa maisonnette; l'enclos des deux marabouts, l'enclos des tombes jumelles, reste isolé pour la nuit, vedettes religieuses gardant la porte depuis des siècles, et qui de longtemps ne bougeront pas. Sous la voûte de Bab-el-Benat, Tunis, s'abaissant vers le lac, apparaît comme un escalier immensément large, fait de masses blanches séparées par des crevasses qui sont des rues. Tout au loin, un autre fragment allongé aussi, rectiligne et blanc, émerge de l'eau : c'est la Goulette, qui semble un autre mur de Tunis, dressé devant la mer. Plus près, juste dans la ligne de la porte d'El-Benat, la mosquée de Sidi-Mahrez, toute blanche, rappelle Sainte-Sophie de Constantinople, par ses huit coupoles conjuguées autour d'un dôme central. On la croirait la plus grande de Tunis, quoiqu'elle ne le soit pas.

La porte Sidi-Abdallah est au fond d'un angle, entre un bastion antique exhaussé par une caserne de zouaves et le mur du réservoir d'eau, nouvellement construit. Le régiment, avec ses sonneries et sa musique, parcourt souvent la route qui monte à Bab-Sidi-Abdallah. Alors les musulmans gagnent, pour le voir passer, les remblais de la route où s'élèvent, l'une en face de l'autre, deux grandes coubbas; les alentours sont dallés de tombes; ils mettent leurs pieds sur les inscriptions, et silencieux, indifférents, privés de cet enthousiasme militaire qui se réveille si facilement chez les Algériens, à peine curieux, ils attendent que les soldats aient quitté la route pour descendre à leur tour vers le village de Sidi-Abdallah, posé comme une plaque de chaux dans un bas-fond d'un vert marécageux. Il est, en avril, à moitié envahi par les coquelicots et les soucis jaunes, si bien qu'autour de son minaret carré, peu différent des petits clochers de France, le paysage devient une vaste palette où des arpents de rouge, de jaune d'or et de blanc sont étalés parmi des monceaux de vert.

Au moment du maghreb (coucher du soleil), quand la porte va se fermer pour la nuit, on voit des burnous frénétiques accourir sur les pentes gazonnées, de Sidi-Abdallah vers la route. L'autre pente aussi, celle qui descend dans Tunis, au dedans de la porte, est quelquefois, à cette heure-là, remontée par un galop de guerre qui fait trembler sur leurs gonds les portes des maisonnettes voisines, et taire les tas de burnous qui mendient au bord du trottoir : c'est un habitant du dehors qui craint d'être emprisonné dans la ville, et se hâte, avant que les verrous soient tirés. On n'a que le temps de se ranger pour laisser passer son galop urieux, qui résonne sous la voûte avec un bruit de cascade crevant sur un lit de cailloux : il dévale à l'extérieur, ne s'arrête plus, comme un fantôme de crépuscule...

*
* *

Triste et muette est la porte de Sidi-bel-Quassem, qu'on découvre comme délaissée, au milieu d'une longue bande de mur. Le chemin aride l'accompagne toujours, mais plus morne à mesure qu'il s'élève au-dessus de la campagne, s'isole avec cet angle de Tunis sur le faîte étroit d'une colline. On dirait une entrée latérale de couvent ou de *zaouïa*, car, passé l'ombre de la voûte, le jour retombe sur une grande plaque de marbre blanc à inscriptions religieuses, page de Koran ouverte pour les yeux qui entrent, à côté de deux jolies mosquées, très petites, dont l'une a un dôme vert de tuiles vernies. Mais, si la porte et la muraille sont désertes, le lac Sedjoumi, qu'on domine en s'élevant peu à peu, repose si calme et si mou de rives au milieu de champs verts si mollement inclinés, que la gaieté renaît, pour l'œil, avec la grasse campagne tunisienne : on oublie l'âpre mur tiré en longues courtines...

Il y avait sans doute autrefois des guérites de guetteurs sur la crête du chemin, car on rencontre, à intervalles réguliers, des masures rondes, ajourées sur les côtés. Une ou deux sont habitées par de pauvres Arabes qui les ont réparées avec des branchages et fermées par une peau. Quand ils avivent leur feu avec un éventail, les volutes de fuméo paraissent les seules choses vivantes sur ce terrain poussiéreux. De certains points de cet angle qui porte le faubourg le plus haut de Tunis, on aperçoit toute la ville comme une feuille de papier blanc à peu près égale de surface, dont une corne serait roulée et relevée.

Là cesse la poésie du revers occidental de Tunis, cette désolation musulmane qui fait une impression grandiose : un autre mur commence, retombe courtement vers l'est, jusqu'à la plage de boues mal sèches sur laquelle s'élève la nouvelle Tunis. Quelques maisons neuves montrent leurs étages par-dessus le mur, justement à côté de la plus ruinée des portes, Bab el-Fella, déjetée, disjointe, moussue, les piliers rongés à la base, et qui, par les temps de pluie, paraît n'être plus qu'un écueil résistant à l'assaut des courants de boue, dont le quartier voisin, notamment la rue El-Fella tout entière, est sillonné.

* *

Bab-Eleoua, ouverte jour et nuit comme Bab-Khadra, lui correspond au sud, puisqu'elle s'ouvre pour la route de Rhadès, de Hammamet, de Sousse et de toute la Tunisie méridionale ; très fréquentée aussi celle-là, et combien vite différente des portes occidentales ! Bab-Eleoua a bien, elle, l'aspect d'une porte publique : des fiacres grinçants, des chameaux charbonniers dont les charges noires en forme d'U renversé, retenues par des filets, oscillent sur leur dos ; et des kyrielles d'ânons accablés de fardeaux, qui trottinent menu avec un air réfléchissant. Ils semblent se parler à eux-mêmes par l'agitation de leurs oreilles, toujours en désaccord de mouvements l'une avec l'autre...

Cependant Bab-Eleoua n'a pas le charme de Bab-Khadra, peut-être parce que le cimetière qui commence tout près d'elle n'est plus libre dans la campagne, mais entouré d'un fossé ; — ou bien parce que, devant elle, s'allonge, toute droite, une route d'argile jaune, et que rien de trop aligné ne cadre avec les ensembles arabes ; — ou bien encore parce que, dans les journées chaudes et humides, une odeur nauséabonde est apportée par le vent, d'un marécage de pourriture qui se trouve au bout du cimetière. Si Tunis n'entoure pas ses murs de fumiers, elle les noie dans son lac depuis des siècles, jusqu'à s'en faire une plage excrémentielle où la nouvelle voirie a percé ses boulevards. Par une antithèse qui n'étonne plus en pays arabe, ce champ d'ordures est dominé, du haut d'une colline à pic, par une *zaouia* éblouissante de blancheur, où se groupent élégamment des dômes verts, des porches lourds, des escaliers importants qui montent à des terrasses futiles, des mâts de haut jet pour les drapeaux de fête, — et si hardiment juchée dans les roches, cette zaouia, si témérairement approchée de l'escarpement, que l'on finit par oublier le marais couleur d'urine qui mousse et fermente à son pied.

Tout contre Bab-Eleoua est un café arabe sous une tonnelle : jamais un cri, jamais de disputes, ni de gros mots ; mais des rires polis, des conversations amicales entre gens qui savourent longuement de minuscules tasses de café. Ils sont immobiles sur les bancs étagés, comme une classe d'enfants sages, les genoux ramenés à hauteur du menton. A la nuit, le cafetier allume une lanterne à huit faces de verre, étroite et longue comme un bras d'homme. A cette heure, quand le café est comble, on peut passer devant sans entendre aucun bruit, ni même aucune voix : « *Ichrobou el haoua* », « ils boivent l'air frais du soir. »

LE GOUT TUNISIEN

Tunis passe, dans le monde musulman, jusqu'à l'extrémité du Soudan, pour être la ville artiste, la faiseuse de nouveautés, celle qui a le don d'inventer et d'exécuter délicatement. En effet, quelques jours de promenade à travers Tunis vous donnent une impression nouvelle, d'abord peu définissable; les yeux ont été surpris par des formes et des couleurs qu'on n'avait pas encore vues dans les grandes villes d'industrie arabe, Constantine ou Alger. De plus, on remarque une division du travail, un cantonnement des métiers par rues, qui donne l'illusion d'une grande activité manufacturière: on ne se souvient plus d'Alger, par comparaison, que comme d'une ville de province; des souks entiers s'occupent à fabriquer des djebiras, des pantoufles de cuir, des glands ; à bobiner de la soie ; d'autres pressent des chechias, vendent des livres ; certaines rues appartiennent aux rembourreurs de bâts, aux bridiers, aux lanterniers ; ici l'on fait des carcasses de selles tendues de parchemin, là des étagères et des armoires... — Il n'y a pas que les productions qui frappent : la tenue des gens, leurs gestes, leurs visages ne sont plus les mêmes. La rudesse mâle des Algériens, la sévérité hiératique de leur costume, leurs faces brunes et hardiment modelées ne se retrouvent plus. A leur place, on voit un peuple gras, qui tire de ses poses molles un air de noblesse et dont les mains potelées ont des mouvements féminins.

L'affirmation arabe que « Tunis est la fleur du goût » ne paraît plus dès lors une hyperbole aussi hasardée ; il semble possible qu'une telle race songe à autre chose qu'aux œuvres de guerres et de révoltes.

Mais il n'y a pas de musée à Tunis ; les monuments qu'on y voit, cités au loin comme merveilles, mosquée Zitouna, mosquée Sidi-Mahrez, et d'autres, sont en somme des constructions assez ordinaires. On est vite forcé de s'avouer que, si Tunis a autrefois connu le grand art, exécuté les belles formes de l'époque classique, elle en est réduite aujourd'hui, comme les autres villes arabes, aux menus travaux faits en nombre pour la population peu aisée. Lorsque ses artisans ont à exécuter quelque œuvre de prix, ils ne vivent plus dans un courant d'émulation assez vif pour donner corps à des fantaisies nouvelles : l'œuvre chère, commandée aujourd'hui, sera forcément une copie des modèles légués par tradition. On ne peut donc pas dire qu'il y ait un art tunisien ; — le mot serait trop grand dans notre bouche, à nous, qui entendons par là une si multiple énergie de conception. Pourtant, à défaut d'art bien classé, les Tunisiens ont l'héritage d'un véritable goût.

On le sent vivre, se remuer, faire effort pour arriver au jour, dans tous les coins de la ville, comme les scions qui repoussent autour d'un arbre sans culture, indécis, mais opiniâtres. La première remarque sur eux, c'est le besoin — d'autres diront la manie, d'orner et de rendre gracieux. Bien des choses venues de chez nous ont été déformées ou reformées à leur gré. C'est une vertu, dans un temps où chacun est lâche devant la mode, abandonne ses couleurs pour prendre celles imposées. Des calèches françaises, vernies en noir au dehors, sont violemment tendues à l'intérieur de satin jaune ou de rose franc. D'autres, vues à la Marsa (peut-être celles du Bey), avaient leur caisse de couleur bleu céleste ou beurre frais. Des chevaux de fiacre ont la crinière mélangée de laines rouges, qui flottent en libres pompons sur l'encolure ; beaucoup, la queue teinte en jaune au moyen du henné. Ici, une montagne de fèves, empilées à l'étalage d'une boutique, a pour pic un œuf rouge, éclatant. Là, devant un café, pend une lanterne, — plutôt un tube, tellement longue elle est, — dont les petits carreaux de couleur ont été composés avec recherche ; ou bien un marchand de sucreries s'éclaire avec un haut candélabre, — étages de vasques et de bobèches en fer blanc, rayonnant à la cime d'une cocarde bariolée, — et dont la forme assez pure se retrouve dans les lampadaires de Pompeï. (Son nom est d'ailleurs *Candil*).

C'est surtout à propos des fleurs, que se montre leur penchant à l'ornementation un peu fade. Quand elles passent aux mains des bouquetiers, (car il n'y a pas de bouquetières parmi les femmes arabes ; ce serait trop de familiarité avec les passants que de leur offrir des fleurs), elles prennent un petit air original que n'ont pas, certes, nos bouquets de France à un sou. Il les groupe, le bouquetier, en gradins circulaires, les fait gentiment pyramider jusqu'à la pointe d'où jaillit une fleur blanche, ouverte en forme de griffe, qu'on appelle *coq* (serdouk). Au mois d'avril, les roses et les fleurs d'oranger se répandent dans Tunis, en masses aux marchés, par paniers, par bottes aux mains des petits crieurs de roses, dans les carrefours et sur les places ; boutons solitaires, entourés de soins dans les échoppes des travailleurs de cuir ; d'autres promenées aux doigts des flâneurs : on est surpris par leur exquise odeur jusque dans les ruelles les moins fréquentées. Il n'y a guère de turban de jeune homme qui ne serre une rose entre ses enroulements et la tempe ; les marchands de beurre en plantent sur chaque motte, les pâtissiers parmi leurs friandises à côté de feuilles d'or voltigeantes comme des souffles. Tel marchand de fleurs circule avec un gros bouquet de roses, en équilibre comme une vaste cocarde sur le front de son turban. Un soir j'en ai vu un qui portait sur sa tête un panier plat, dedans une lanterne, et tout autour des roses, un parterre de roses. Elles étaient jolies, éveillées par la lumière, comme des ballerines au feu de la rampe, et promenées au-dessus de toutes les têtes, en triomphe, dans la nuit !

L'impression qui ressort de toutes ces menues observations, c'est que, voyant les caractères de la race tunisienne, on aurait pu deviner quel genre de petit art elle allait produire, art qui ignore les conceptions d'ensemble et se réduit aux détails, mais s'y acharne, les multiplie à l'infini, les complique, et arrive à captiver l'attention, plus peut-être que les nobles formes conçues d'un jet, comprises d'un coup d'œil. L'art arabe amuse ; lui-même est le produit d'un amusement. Nulle part l'enfantillage primitif de l'art ne se trahit mieux qu'ici. On voit à la Goulette, dans le tympan d'une façade d'arsenal aux murs écaillés, qui doit être l'ancien arsenal du Bey, une composition d'emblèmes que j'ai regardés souvent, toujours avec un sourire, parce qu'ils étaient pour moi l'explication de leur manière tunisienne de concevoir : des formes enfantines de canon découpées dans de la tôle, des piques attifées de drapeaux, des casques, des boulets, sont naïvement colloqués les uns dans les autres. Plus loin, dans les impostes d'un bâtiment secondaire, c'est une équerre jaune-serin, des étaux, des enclumes, un compas posé par ses pointes sur une couronne de laurier, — le tout tranché par un sévère fil à plomb, et agrémenté de petits canons jonglant dans les coins : glorification de la métallurgie par des enfants à qui on vient d'expliquer ce qu'elle fait. On retrouve cette inexpérience de la composition aux dernières pages des cahiers de physique, élucubrations d'écoliers qui flânent. Ces amusements sur un arsenal sont l'antithèse de notre rigidité sérieuse ; ils montrent des gens qui jouent encore avec les détails extérieurs.

Mais si cet art nous paraît faible et arriéré, parce qu'il ne peut arriver à concevoir d'ensemble, il faut reconnaître qu'il est plus apte que le nôtre à créer — quelquefois — l'imprévu des formes. Il n'y a point ici d'école d'art qui étouffe les originalités sous des règles de « bon goût » ; l'anarchie existe, avec l'isolement des artistes. Chacun se sent libre d'inventer pour le plaisir de ses yeux ; nul concurrent voisin ne lui volera ses formes pour les exploiter. La plupart des artisans ont dans leur tête, leurs modèles à eux, et, vivant porte à porte, ils ne songent pas à se contrefaire, s'imitent à peine. C'est ainsi qu'on a le plaisir vif de rencontrer bien souvent, dans les rues, des objets conçus d'une façon toute personnelle et qu'on ne reverra plus ailleurs. Un jour, c'est un homme, assez pauvre de mise, qui porte dans la rue, en souriant à son œuvre, un éventail combiné avec patience, et vraiment charmant : un losange central, couvert d'un croissant renversé, et tout autour du grand, de plus petits losanges pailletés, soyeux, miroitants, mobiles sur leur axe et que ses doigts s'amusaient à faire virer sous tous les angles. Il en était si joyeux, qu'il riait aux passants, le leur montrait de face, et s'éventait, bien que le temps fût frais et sombre. — Un autre jour, à l'encoignure de la rue Souki-bel-Kheir et de la rue Hammam-er-Remimi, j'ai trouvé chez un savetier infime de très jolies broderies de pantoufles, comme une petite corne d'isard qui montait sur le côté vers la languette du dessus et se tortillait avec grâce ; — un rien, mais si gentil d'idée, et si étonnant de la part de ce pauvre homme ! Il avait imaginé cela tout seul dans son coin, et aucun ne l'avait copié, car, malgré mes recherches, je n'ai jamais revu dans le *Souk-el-Blagdjia*, rue centrale des pantoufliers, la petite corne d'isard.

*
* *

Tous les matins, vers dix heures, un marché d'objets d'occasion se tient en haut de la ville, au croisement de la rue Sidi-ben-Ziad et du Souk-el-Bey, sur une sorte de petite place toiturée de planches qui précède le Souk-el-Birka. C'est la partie la plus connue des souks parmi les étrangers, car on y arrive naturellement en suivant la rue de la Casba et en traversant le petit Souk-du-Bey. Les gros meubles à vendre restent là, exposés à l'air toute la journée. Pour peu qu'il y ait quelques-unes de ces commodes en acajou incrustées de bois jaune, qui sont de fabrication italienne, une ou deux armoires, autant de tables et quelques pendules, la placette est encombrée ; il ne reste plus qu'un étroit passage en pente, à petits pavés tous glissants, pour descendre au Souk-el-Birka.

Aussi, quand le crieur aux enchères (le Dellal) commence à se faire entendre, suffit-il d'une cinquantaine de personnes pour que ce carrefour soit obstrué. Ceux qui attendent pour acheter, restent debout sur place, et peu à peu sont refoulés contre les boutiques, — petites cases sans devanture, élevées d'un demi-mètre au-dessus du sol, et où travaillent des tailleurs, très calmes malgré le va-et-vient houleux qui les frôle. Au centre se détermine un courant de circulation : des gens qui ont à vendre, soulèvent à bout de bras, au-dessus des têtes, quelque pantalon de femme tout en or et pailleté, ou bien sauvent ainsi des déchirures de la foule une veste bleu ciel, un gilet à rinceaux d'or ; un autre se sert de son turban comme d'une patère et y accroche une gandoura qu'il promène étalée sur son dos. Ils se coulent entre les groupes les moins compacts et annoncent — « *Moula el lebas*! Voici le maître, le propriétaire d'habits », — d'une voix naturelle, sans crier, comme en causant. Car c'est l'impression qui vous vient de cette foule : elle est calme, ses nerfs sont au repos, les visages restent souriants ; aucun n'est convulsé ni rouge, comme cela se verrait dans nos cohues. Elle s'aplatit aux rebords des meubles, se coudoie, se heurte, se pénètre, se frotte, s'écrase avec une sorte de tranquillité. Ceux qui élèvent la voix ne s'emportent pas ; les prix se proposent et s'acceptent sans mots désobligeants. On n'entend crier un peu haut que ces prix, — parmi la foule qui cause en nouant ses traînées de couleurs, comme des métaux lumineux roulant entre les bords d'un creuset.

— *Rialinn, rialinn* ! (deux rials ! — ils prononcent plutôt *rial* que réal ; celui-là sans rapport d'ailleurs avec les réaux espagnols). *Tsninn* ou *tlatinn* (trente-deux); *mya ou Khamsa ou arbatinn* (cent quarante-cinq rials !) Presque tous les nombres finissent par cette syllabe *inne* qui tinte comme des coups de cloche discrets, en harmonie avec cette assemblée sans colère. Et les mains se tendent vers la jupe d'homme brodée ou le burnous bleu qu'on voit passer en vente.

— *Quaddach, quaddach* ? Combien ?

Un signe de l'œil, une petite moue : « Non ! » et la main tendue pour acheter, laisse aller le maître d'habits, *moula'l lebas,* qui s'éloigne en nasillant : *euchrinn*, *tsmenn ou sebaïnn*, *inne*, *inne...*, *inne...*, jusqu'à ce qu'un autre vendeur, émergé à grand'peine du bas de la place, où la foule s'amasse naturellement comme de l'eau qui suit la pente, redonne d'une voix plus proche de nouveaux *inne .., inne..., inne...!* — Souvent un haïk léger ou un petit caraco d'enfant, mauve pâle, clinquant, vole par-dessus les têtes, s'abat aux mains d'un tailleur en boutique, qui le renvoie de même au *moula'l lebas* proposant, s'il n'en veut pas. Si d'aventure, quelque piano est à vendre, piano colonial détraqué par les déchargements des bateaux, l'oreille est surprise de loin en loin par quelques notes. Il y a cercle autour ; on le palpe ; de grands gars de la campagne risquent avec respect un doigt sur les touches, à moins qu'un jeune Juif n'y appuie effrontément ses dix doigts ; mais les voix des crieurs de prix sont plus argentines que ses sons rouillés.

*
* *

On rencontre partout les burnous aux couleurs tunisiennes, traînés le long des murs, lentement, dans le désert des rues blanches, par des vieux dont la tête succombe sous le turban ; fringants, portés en coqs par de jeunes élégants qui vont à grandes enjambées avec un froufrou de jupes ; somnolant dans les boutiques avec les gros marchands qui attendent, la gandoura débraillée jusqu'au ventre; — frais et tout pomponnés de glands, ou bien étirés par l'usage, rapiécés, mais colorés encore.

Le costume des citadins de Tunis n'a pas la noblesse ni la simplicité du costume d'Algérie. Au lieu des grandes draperies blanches à cassure nette, sur lesquelles tranche quelquefois un burnous bleu, très foncé, ou un burnous brun en poil de chèvre, (le *Kheidouch* des jours froids), les Tunisiens n'offrent aux yeux que des burnous de drap d'Europe, rétif aux grands plis. Ce drap ras, soyeux, se[illegible] de tissu, n'a plus les qualités décoratives de l'étoffe arabe; il oblige les plis à se distancer, les fait se raccorder par de grandes ondulations indécises. Les couleurs surtout, donnent aux vêtements de Tunis une apparence efféminée. Toutes les nuances pâles et fades, surtout mauve, bleu ciel et café au lait clair sont préférées. Les *gandoura*, ou longues tuniques, dont la forme bien connue est celle d'une chemise de femme, et qui s'appellent ici *guedoura* ou *djoubba* (jupe), montrent pourtant des couleurs plus violentes, rouge grenat ou bleu foncé, coupées de larges galons noirs; les plus communes sont faites d'un lainage brun sombre, quadrillé, à l'endroit de la poitrine, de piqûres vert d'eau.

On comprend vite que le blanc terreux, utile pour les vêtements exposés aux poussières de sable, n'a plus de raison d'être ici ; — qu'il a fait place aux tons choisis par le caprice. Bien plus, la forme même du burnous, — qui est resté comme pièce du costume, on sent qu'elle n'est plus indispensable. Presque tous les artisans l'ôtent pour travailler et le déposent à côté d'eux dans leurs échoppes, tandis qu'il est très rare de voir un ouvrier saharien paraître gêné par son burnous. Pour sortir, les Tunisiens le reprennent, mais la plupart sans le mettre tout à fait, sans y passer la tête : ils se contentent de le draper sur leur épaule gauche. Pour l'accrocher à l'épaule, et l'y remonter à tout moment avec la main droite, ce sont des gestes et une attitude qu'il est curieux de retrouver en Espagne, même dans quelques régions du midi de la France, où le dos de la veste cache aussi le bras gauche, le bras droit en restant hors. Ces manières ont-elles été transmises héréditairement aux hommes de Tunis avec le sang andalou, qui jadis y fut apporté à flots par les émigrants de Grenade, ou bien les Espagnols, au contraire, les doivent-ils au sang arabe ? Je ne sais. Quoi qu'il en soit, cette ressemblance de poses est remarquable. — D'autres enfin, plutôt que de le mettre comme il faut, ce burnous encombrant, le placent en pèlerine sur le dos ; la broderie-attache (*seudra*) destinée à s'étaler sur le sternum, pend ainsi plus bas que la nuque, tandis que le capuchon bâille en une grande poche au milieu du dos. Beaucoup l'utilisent, comme les Arabes d'Algérie du reste, pour y mettre des provisions au retour du marché, petits pois, salades, ou des oranges, du tabac, des livres de compte ; mais ici comme ils ne sont pas retenus naturellement derrière et par le cou, ces capuchons sont plus laids encore, hérissés d'angles, bondés, ballottant comme des pis de chèvres. On en voit encore qui le ramènent du dos vers la hanche, et s'en servent comme d'un manchon pour le coude...

Le burnous est donc devenu, à Tunis, une façon de pardessus, un vêtement pour sortir qu'on ôte, qu'on remet, qu'on porte de toutes les manières négligées, pour ainsi dire un luxe, que les exigences de leur vie à l'ombre ne justifie plus. A voir comme ils ne savent qu'en faire, on peut dire que, n'était l'entêtement de conservation qui passe chez les musulmans pour vertu religieuse, depuis longtemps les Tunisiens de Tunis s'en seraient délivrés. Dès qu'ils oseront, ce sera par l'abandon du burnous que commencera la révolution du costume.

L'autre pièce obligée de tout vêtement arabe, le *haïk*, longue bande d'étoffe légère qui tourne une fois autour du corps, et deux fois autour du visage en l'enveloppant, se voit rarement sur la tête d'un Tunisien. Quel besoin ces gens à peau blanche qui vivent dans des ruelles ou sous des voûtes, auraient-ils de cette petite tente portative en mousseline ? La chechia rouge suffit bien ; on enroule autour d'elle, en étroits rouleaux blancs, le turban de l'islam, qui ressemble alors tout à fait au turban d'ordonnance des zouaves français ; mais, par derrière, le gland tunisien long, fourni, vaniteux, coule sur les épaules comme une chevelure de femme. Souvent je suivais dans les rues certaine de ces coiffures plus drôlement enfaîtée que les autres sur une tête, et je pensais que ces imperceptibles modifications, ces préférences d'ajustement personnelles tendaient à faire du turban et de la chechia l'analogue de notre chapeau, dont les bords tiennent à demeure, tandis qu'il faut rebander plusieurs fois par jour les spires du turban ; — et si facile à enlever, notre chapeau, pour se gratter la tête! Car c'est là le passe-temps chéri des musulmans.

*
* *

Les *maîtres d'habits* n'apparaissent sur la place des ventes qu'au sortir du souk des tailleurs, qui commence dans l'angle bas de la placette et continue encore à descendre. On n'aperçoit d'abord, du souk des tailleurs, que deux rangées de casiers, à droite et à gauche, d'où jaillissent des couleurs vives : un feu d'artifice tiré avec des étoffes. Elles pendent aux cloisons qui séparent les boutiques, s'étalent sur des baguettes, après l'achèvement, papillotent en monceaux chiffonnés. Des gilets jaune d'or glissent à petites avancées dans la main des brodeurs juifs; des gandouras lie de vin sont piquetées de damiers de soie verte, des burnous gris fer reçoivent sur leurs bords des tresses épaisses comme des marges; ou bien ce sont des velours violets qu'on étouffe peu à peu sous une pieuvre d'arabesques en or.....Le jour n'arrive dans ce souk que par les interstices des planches dont il est couvert; le soleil s'échappe donc tantôt vers un côté de boutiques tantôt vers l'autre, suivant l'heure. Alors les couleurs s'allument; les rouges, les bleus, les verts, les violets se balancent en flammes qui viennent attaquer l'œil, tandis que les étoffes voisines, tout à l'heure si éclatantes, semblent douces, dans l'ombre relative.

Il se fait dans ces échoppes un trafic compliqué: des tailleurs de neuf donnent un vêtement à vendre à un des « promeneurs aux enchères » qui, l'étalant sur lui, parcourt la foule et le propose; ou bien des revendeurs viennent offrir aux marchands en boutique des hardes d'occasion. Les crieurs partent, reviennent rendre compte. Quand il faut examiner un haïk, on le déploie sur ses huit mètres de long; le souk est barré, la circulation interrompue. Cependant personne ne se fâche; on attend que l'affaire soit terminée.

Beaucoup de Tunisiens font comme moi, viennent là pour se distraire. Ceux-là tendent, de loin en loin, une main sans désir vers les choses qui passent, les palpent un peu, les soupèsent, et le plus souvent les rejettent avec une indifférence de blasés, à moins pourtant qu'une petite œuvre d'art, soie brodée, cuir piqué, argent massif ou bronze ciselé, ne passe aux mains de quelque vieux dont la voix en chevrote le prix. Ce peut être alors un travail ancien, conservé dans le coffre aux valeurs depuis des générations et qu'un moment de gêne force à vendre. Aussitôt les amateurs de raretés se réveillent, s'intéressent; sur leurs faces bourgeoises, les airs d'ennui se fondent. On surprend sous les turbans, des physionomies tout à fait semblables à celles qu'on voit à la salle des ventes, à Paris.

*
* *

Les bijoux, les pierreries et en général les métaux précieux se vendent à l'entrée du Souk-el-Birka où l'on arrive tout droit quand on a traversé la petite place aux meubles. Ici le décor change: beaucoup moins de couleurs, si ce n'est celles des vêtements qui passent, et une sorte de recueillement encore plus remarquable, de la foule. Des groupes penchés, les yeux en avant, vers une chose difficile à voir: c'est un petit brûle-parfum d'argent massif, imitant un minaret naïvement ciselé; un anneau de cheville repercé patiemment, ou une bague à brillants sertis avec rudesse qui figurent une fleur.

Les marchands de bijoux se promènent, ainsi que les autres, en offrant. La plupart sont des Juifs, et vieux. Leur commerce suppose une certaine richesse; aussi on remarque que leurs traits sont plus fins, leur barbe frisottée mieux soignée. Leur œil glaireux qui paraît éteint par une humilité séculaire, entre leurs paupières amincies, se rallume d'un feu. de jeunesse; leur bouche se campe pour l'éloquence tenace, lorsqu'un passant plus sérieux fait mine de convoiter l'objet. Ils circulent, une main étalée en sauvegarde sur une sacoche bondée qui leur pend sur le ventre: c'est leur magasin ambulant, leur coffre-fort. Quant à la main droite, elle leur sert de vitrine. Et c'est une surprise vive, que de voir leurs doigts cireux enfaîtés de bagues, quelquefois dix ou quinze sur un seul; leur main aux veines bleues, ainsi annelée d'or, ne peut plus se plier sous sa cuirasse de diamants et de rubis. Eux aussi annoncent en *inne, inne,* mais d'une voix plus cassée: les poumons manquent à ces marchands de haut rang...

— Attirées par les feux des pierreries, les étincellements de l'or, des femmes toutes blanches, tout enveloppées, très droites et très fières, viennent tous les matins vers dix heures, au Souk-el-Birka. Leurs yeux noirs, découverts en entier entre les bandeaux de figure, lancent parfois dans une boutique ou à un passant une œillade brève de rendez-vous; leur démarche vigoureuse indique qu'elles sont jeunes. Les convenances de leur monde veulent qu'elles pressent le pas, pour paraître échapper aux regards qui, autour d'elles, cherchent à les dévisager sous leurs voiles; même quand un malappris leur fait un appel ou un signe, elles n'entendent pas ni ne voient, et s'éloignent sans gestes, toutes droites, drapées comme des statues, qui sentiraient l'ambre.

. . .

*
* *

Les bijoux vendus dans les ateliers juifs ne diffèrent pas de ceux qu'on promène au Souk-el-Birka, excepté les pièces rares que le hasard seul fait trouver. Ce sont des bracelets lourds *(murailles de bras,* suivant l'expression arabe), estimés au poids et que recherche la vanité des femmes. Des devises burinées avec hésitation, y sont laissées en relief par l'évidement du fond. L'une des plus répandues est : *sâada fi el quenâa* (le bonheur est dans le contentement de peu). On voit aussi des plaques de poitrine en or ou en argent, ornées de devises, que les femmes — juives, je crois, suspendent entre leurs seins avec des chaînettes, — très souvent des chaînes d'or aussi grosses que pour fermer une porte. Mais ce qu'on remarque le plus fréquemment dans les ateliers juifs ou dans les boutiques plus modernes à devanture vitrée, ce sont des mains hiératiques pareilles au gabarit de zinc sur lequel les gantiers coupent leurs gants : cinq longées de métal bord à bord, cinq doigts roides au-dessus d'une paume ; de toutes dimensions, depuis la grosseur d'un pois jusqu'à celle d'une main de femme. Par elles le « mauvais œil » est chassé. Les hommes portent aussi cette main bienfaisante, mais en breloque, imperceptiblement sculptée au bout d'une branchette de corail.

De tous les bijoux tunisiens, le plus mystérieux, celui qui tient de l'ex-voto figuratif et du scapulaire, c'est un tour de cou en chaînette pour les femmes. J'ai interrogé plusieurs fois pour en connaître le symbole, et l'on m'a répondu « qu'on ne savait pas » ou bien que chacune composait ce bijou à sa fantaisie, — ce qui n'explique rien. Espacées sur une petite chaîne, se voient les figurines suivantes, en argent estampé : un poisson, une trompette, une main hiératique, un homme assis, un cachet, un cœur (en nacre), un brin de corail, — ou bien : un pégase, un lion, un crocodile, un lézard *ouâran*, un révolver, un pistolet à chien, des ciseaux, un pigeon, une tête de négresse coiffée d'un madras, un scorpion, une couronne de comte à l'européenne, un cadenas arabe, et toujours au centre, le poisson à côté de la main hiératique.

Ces mains de bon augure se retrouvent encore dans une pince à fumer les cigarettes, en guise de tenettes du haut, l'autre bout portant un anneau qu'on passe au doigt, de telle sorte que l'ensemble se tient tout debout sur le revers de la main. S'étaler, s'épanouir dans une jouissance enfantine, être protégé contre le mauvais œil, et faire miroiter devant ses voisins un bijou d'argent, d'un air parfaitement fat, — quelle heure s'écoulerait plus délicieuse pour un Tunisien ?

* * *

Tous les meubles de formes originales, les ustensiles artistiques, les modèles d'ornementation indigène que l'on peut rechercher à Tunis, se retrouvent au Bardo ou dans le palais voisin de Kassar-Saïd, portés à la perfection de leur genre. J'ai reçu deux cartes imprimées en arabe, pour visiter ces palais. Le style de la permission est assez curieux pour qu'on le traduise :

« A l'honorable colonel, l'agréable à envisager, si el Badji el Quesas, chargé du palais florissant du Bardo. Voici : tout Européen arrivant vers vous, une des semaines de visite, et désirant se promener dans ce palais, conservé comme dans une gaîne, vous aurez pour lui de la bienveillance, selon l'habitude. Et ensuite salut de la part du pauvre devant son Seigneur (qu'Il soit exalté), serviteur du prince des princes, Gabriel Valensi ».

Un entassement de casernes et de petites maisons ; alentour des fossés, des bastions, du XVIe siècle comme les forts voisins, — tout cela paraissant souffrir d'une démolition chronique : tel est Bardo *el mamour*, le Bardo florissant.

Au-dessus de la porte, une tour blanche, octogone, construite sur le modèle d'un phare, avec des horloges sonnantes et indicatrices des lunaisons — mais la lune est arrêtée à moitié ciel par la rouille ; — des guérites de factionnaires drôlement juchées dans les encoignures des petits toits (elles ont la forme de cigares tout blancs, et un balcon les entoure); — un peu partout de hauts mâts, bariolés, étayés par des cordages, pour les drapeaux des jours de fête, puis une loggia à l'italienne qui s'épanouit dans le haut d'un bâtiment plat, puis une gracieuse chambrette, vitrée en rotonde, qui s'avance, seule, hors d'un mur rugueux de prison : l'ensemble fait penser aux jouets d'un enfant capricieux qui les accumulerait les uns sur les autres, à mesure que ses désirs sont contentés.

Passé la porte, une rue de petites boutiques misérables ; et des cours de casernes ou des cours de débarras ; un tunnel sombre, dépavé, avant d'atteindre l'escalier du palais : on dirait les communs mal tenus d'un grand château de province. L'intérieur rappelle une maison bourgeoise — de province également — ornée par quelqu'un dont la jeunesse brilla vers 1840 ou 1848. Petites chambres nulles de goût; dorures et canapés de soie verte qui bataillent, dans la salle du conseil, avec d'autres couleurs crues; partout sur les meubles, dans les coins, les antichambres, de belles pendules en bronze doré qui furent données par Louis-Philippe ou autres souverains ; mais à côté sont des baromètres anéroïdes et des fleurs artificielles sous des globes — ô charme des ameublements de province! De superbes tentures en soie de Stamboul, et, par devant, une suspension de porcelaine blanche comme en vendent les bazars de Paris pour les petits ménages. Des couloirs, froids, nus et carrelés ; puis la grande salle des fêtes, qui a l'air à moitié d'une galerie de musée, par tous les portraits de souverains fougueux ou calmes qui se sont offerts aux Beys, à moitié d'un salon poussiéreux, avec son grand lustre terne et ses meubles espacés...

Les boiseries, découpées en arabesques et sculptées, entrent comme ornement principal dans la plupart des meubles de pure origine tunisienne. Comme sur la place des ventes de la rue Sidi-ben-Ziad, on les trouve donc au Bardo, mais plus magnifiques. Les ébénistes de Tunis en ont fait des plaques de fond pour les rateliers d'armes du Bey; derrière se trouve une glace qui reflète, entre les jours du bois; l'ensemble est assez gai, quoique rappelant trop les enjolivements des théâtres de foire. Des divans larges et longs pour y dormir sont agrémentés aux accoudoirs, sous le siège, au dossier, de multiples balustrades qui, avec leurs vastes dimensions, contribuent à leur donner un air architectural.

Il y a dans une grande salle du bas — que l'on appelle, je crois, *Bit el Heukkam*, la salle des juges — un trône doré qui est la merveille du Bardo. A partir du mur, où elle commence très large, la boiserie découpée, toute d'or, s'avance par de petites courbes progressives et sur des colonnettes, se restreint peu à peu jusqu'au siège étroit et haut qui occupe le sommet de son angle aigu.

Dans le palais, tout proche, de Kassar-Saïd, deux boites d'horloges et deux lits qui ornent la chambre du Bey, sont d'une inspiration pareille à celle de ce trône : de larges rinceaux dorés courent devant des glaces; de petits coins sont fouillés avec une patience extrême, — enfin une certaine noblesse dans le jet des lignes générales, qui ne se voit pas d'habitude dans les œuvres actuelles.

Tout cela sans doute un peu trop éclatant, mais empreint tout de même de magnificence.

Et puis les souverains, surtout ceux de Tunis, sont dispensés de connaître les nuances, ayant la dorure comme uniforme dans leur ameublement. L'Arabe n'a évidemment pas cette crainte de l'éclatant qui nous devient de plus en plus comme une hypocrite pudeur des yeux. Il se vêt et s'orne en toute franchise de ce qui lui a plu, rouge, vert, tranchant, doré, miroitant. Le goût nègre pour ce qui brille est accepté par les Tunisiens; ils font la nique, avec lui, à nos convenances de noir habillées.

Aussi bien, ce qu'ils ne comprennent pas du tout, c'est la beauté d'un paysage. Un souverain artiste l'eût fait transformer autour du Bardo, ou mieux encore il eût fait construire le palais sur une de ces admirables collines, distantes de cinq cents mètres, d'où l'on contemple Tunis à revers, la Bahira, le golfe, l'île de Zembra, et les montagnes jusqu'à Zaghouan. Sur l'emplacement qu'on lui a choisi (une plaine cultivée en moissons), le Bardo « florissant », *Bardo el mamour*, le Bardo — « conservé comme dans une gaîne », a l'air de bouder dans un coin où rien n'attire, — si ce n'est qu'on ne voit pas Tunis.

TUNIS EN RAMADAN

Le Ramadan commence demain dimanche [1], à l'aurore.

Les préparatifs du grand jeûne n'apparaissent guère ; à peine quelques indices épars à travers la ville, perceptibles seulement pour des regards minutieux. Dans le quartier des libraires, non loin de la mosquée Sidi-ben-Arouz, une pancarte calligraphiée porte : *Atlobou djedoul chahr ramdhan* (demandez l'almanach du mois de Ramadan). C'est une petite feuille verte ou rose, imprimée en arabe, et que les marchands collent parfois au volet de leur boutique ; elle indique l'heure du lever et du coucher du soleil, et ainsi, pour chaque jour, le commencement et la fin du jeûne.

1. 20 avril 1890.

Sur les murs des mosquées, on voit quelques affiches jaunes agrémentées d'un bateau à vapeur; beaucoup de Tunisiens vont les lire et s'en détachent avec regret : ce serait une si grande joie, s'ils possédaient l'argent nécessaire, de pouvoir monter sur ces « babors » (vapeurs) qui vous promettent de partir pour la Mecque, sitôt le Ramadan fini, d'aller à Djedda tout droit — *radi* ! et de vous ramener tout droit encore à la Goulette, après qu'on a visité la Tente de Dieu, avec ce beau titre de pèlerin (Hadj), qui donne tant de respectabilité à un homme ! Mais parmi ces pauvres burnous déchirés, combien pourront jamais abriter 500 francs ?

Dans la longue rue qui mène de Bab-Souïka à la place Halfaouine, une dizaine de théâtricules ont loué d'étroites boutiques fermées par un rideau blanc, — quelques-unes par une toile cirée, qui représente les aventures d'Orlando furioso, celles de Garibaldi ou autres héros italiens.... De maigres touffes de drapeaux rappellent nos fêtes de banlieue. Parmi ces échoppes, il y en aura aussi une ou deux qui exhiberont le fameux *Quaraquous* ; mais le musulman, dédaigneux de la réclame, toujours enclin à dissimuler son antre, laisse pendant le jour son théâtre sans affiches ni décoration.

Dans la basse Tunis, parmi les rues équarries à l'européenne, un cirque de dompteur s'est installé ; sur l'avenue de France un montreur de nains. Mais on se demande sur quelles réjouissances populaires ils comptent ; — la ville est si calme, si peu débordante de liesses en ce dernier jour de liberté ! Sans doute aussi venu pour le Ramadan, un italien ventriloque se promène avec une figurine de nègre sur le bras. Tantôt, il rôdait autour de cinq ou six négresses vendeuses de pain, qui se tiennent accroupies sous les arcades, près de la Porte de France, et il faisait parler le négrillon sculpté : les unes riaient à en pleurer, les autres paraissaient inquiètes ; des Arabes, entendant cette voix d'un autre monde, devenaient sévères et s'esquivaient en serrant leur burnous sur les reins : il devait y avoir là quelque chose de contraire à la religion...

Partout ailleurs, Tunis a son aspect ordinaire du samedi, jour de repos pour les Juifs. Ce matin, comme d'habitude, des petites juives balayaient leurs terrasses, la tête encasquée d'un foulard de soie fraîche, leur jeune poitrine saillissant sous une casaque blanche, et blanches aussi de jambes, de mollets, dans le pantalon qui les serre comme des bandelettes. Le volètement de tous ces rubans de fête, au-dessus des rues, et ces couleurs de joie font penser à un collège de filles galantes qui prendrait sa récréation sur les toits : elles sont trop belles de visage, trop noires de sourcils, trop reluisantes de bracelets et provocantes de poitrine... Comme c'est jour de « toilette », on en rencontre qui se débarbouillent au coin d'une rue, en cueillant bien gentiment, d'une main très agile, l'eau qui ruisselle sur l'ardoise d'un urinoir. Les Arabes non plus ne dédaignent pas de s'y laver les mains, ou s'y accotent pour causer.

Le samedi, les souks sont déserts, tous les magasins israélites étant fermés. Ces tunnels blancs, silencieux, clos, où la lumière n'arrive que par des regards percés dans la voûte, sont d'une grande tristesse. Les musulmans qui, çà et là, travaillent, n'en paraissent que plus somnolents, plus éteints sur les piles de couvertures et de tapis où ils se couchent. Nul bruit, nul chant, nul éclat de voix. Deux orfèvres que je connais, font une petite pause au milieu de leur travail ; l'un boit des lampées d'eau claire, l'autre savoure une tasse de café... Je leur dis en passant :

« Demain à pareille heure, hein? on ne pourra plus boire ni fumer!...

Ils répondent : « Non! demain ... »

Et c'est tout. L'idée, par moi éveillée, de faire provision de plaisirs avant le jeûne, ne leur reste pas en tête; ils se remettent au travail sans calcul, contents au jour le jour; ils goûtent la vie en enfants, jouisseurs du bout des ongles, par caprices, non sous les besoins de la chair. Et à l'esprit vous vient la comparaison entre cette veille de carême simple, silencieuse, religieuse, souriante à l'abstinence, et notre grossier mardi-gras, à nous autres chrétiens; cette irruption du sauvage qui veut saouler en une fois tous ses sens privés le lendemain, et s'étourdit de trompettes, s'affuble de masques, s'animalise pour entrer dignement dans la période de purification.

A la tombée de la nuit, tout en haut de la ruelle ardue, glissante et brusquée qui est l'importante rue de la Quasba, devant la boutique d'un marchand de tabac, en même temps barbier, j'ai assisté à la plus singulière toilette de Ramadan : un vieux nègre, debout sur le trottoir, se faisait raser, sans entrer, — la tête avancée vers la devanture, d'où s'allongeaient une main pour le savon, une autre armée du rasoir.

*
* *

Dimanche, premier jour de Ramadan. Il fait un soleil admirable ; les terrasses, verdâtres par les temps humides des jours précédents, sèchent et blanchissent ; dans le ciel, d'un bleu léger, voguent des nuagillons de printemps traînés par e vent du nord ; les oiseaux pépient. Tunis tressaille d'une gaieté de fête. Mais si l'on en cherche la cause autour de soi, bien vite on comprend qu'elle ne vient pas du Ramadan. C'est que tous les dimanches, dès le réveil, la machinerie musicale dont disposent les Italiens, orgues de Barbarie, pianos à manivelle, harpes et violons, se met en branle et répand sur Tunis un orage de sons qui se morcellent au vent, tapotent, grincent et chantonnent, comme si toute la ville se transformait en usine à musique. Hors des remparts, assez loin dans la campagne, ce concert gigantesque souffle encore ; on dirait un volcan mugissant d'un bruit de claviers, avant de surgir.

La foule s'amasse au carrefour qui précède la Porte de France. Les petits cireurs vous barrent le chemin avec leur brosse, et crient : « Cirer? Dis? viens... Cirer à la graisse ! ... ». Ils font plus de bruit, à eux seuls, que les conversations de tous les groupes, Italiens à chevelure artistique hors d'un chapeau négligé, Français gantés, tous décorés — tenue de vainqueurs administratifs. Les dames empanachées froissent leurs robes de soie aux côtés des bouchers nègres qui proposent, dans la foule, des agneaux écartelés sur des baguettes. Car les marchands musulmans se condamnent au supplice de rester à jeun devant leur étalage appétissant ; ils continuent d'asperger leurs légumes, pour les verdir, avec des petits balais trempés dans l'eau ; ils ne craignent pas de flairer un piment rouge afin de le garantir à un Espagnol, qui le marchande longuement. Mais tout ce monde qui s'achemine vers l'église chrétienne, à pas cérémonieux, les burnous blanchis qui descendent de la ville haute, les voix de vendeurs ambulants, la musique qui bourdonne partout, le choc des verres sous les tentes des cafés déjà pleins, tout cela ne donne pas l'impression du printemps, aussi bien que ces beaux enfants de Tunis, gamins juifs ou musulmans, habillés de couleurs tranchantes, qui se roulent au soleil, sur les trottoirs de l'avenue de France, et ont l'air, avec leurs gestes souples, largement étirés, de superbes insectes, ramant dans le vide, sur le dos.

Cependant, à mesure qu'on monte, on laisse dans la ville plate cette illusion d'un début de fête. L'aspect tranquille de toutes les rues, bourgeois de certaines, patient des rues marchandes, reparait. L'air vibre encore de lointaines musiques, de cloches de chapelles sonnées pour la messe.

Les gens qui vivent en ces boutiques égrènent leur chapelet, sans fin, et lisent des chapitres du Coran, tout en suivant d'un œil attentif le passant qui hésite devant l'étalage, et pourrait acheter. Et ils bâillent, ces marchands, ils bâillent dans toutes les gammes : c'est leur seul concert pour inaugurer le Ramadan. L'un, à qui je demande de ses nouvelles, me répond : *saïb chouïa*, un peu de malaise, il a la tête lourde ; — et de bâiller ! Un autre m'explique qu'il faut, après chaque moghreb, manger très peu pour rompre le jeûne; autrement l'estomac ne s'habituérait pas, et tous les jours les tiraillements recommenceraient.

Le souk des parfumeurs (*Souk el Attarin*) paraît seul s'attendre à une vente inaccoutumée; il compose ses étalages avec soin, met dehors toutes les réserves de ses boutiques. Les logettes étroites et profondes, ouvrant toutes sombres sous la voûte mal éclairée, sont emplies par un burnous blanc qui y trône dans une pose de Bouddha; devant sa tête, les cierges à cinq branches, les *Khamsa* de cire réunis sur un poignet doré, figurent le rayonnement d'un nimbe, tandis que les sébiles présentent, comme une offrande à lui, la poudre verdâtre du henné, des mélasses de savon, et, couchés dans de la ouate, les précieux tubes de l'essence de rose. Aussi l'odeur est plus forte qu'à l'ordinaire, sous ce blanc tunnel; de plus fréquents débouchages de fioles ont eu lieu, de plus grandes libations de parfums vont être faites aux tombeaux des saints. C'est une odeur de cire, de musc, d'essence de rose et d'ambre, mêlée à certains effluves d'herbe séchée, le henné, peut-être. Si grande est la consommation de savon en ce mois de Ramadan, si soigneuses les ablutions, que d'autres marchands ambulants viennent faire concurrence à ceux des boutiques, et offrent, à la porte de la mosquée Zitouna, des boules de savon rose, des pains huileux, d'un joli vert de terre glaise, d'autres violacés pareils à des prunes de Monsieur.

J'ai causé avec un marchand de parfums :

« — C'est le calendrier, n'est-ce pas, qui annonce quel jour le Ramadan commence ?

— Pas du tout, m'a-t-il dit, c'est la lune. Celui qui aperçoit le croissant, fin comme un fil, vient dire : j'ai vu le croissant ; et alors le mois est commencé.

— Mais pour trouver la lune si petite dans le ciel, il faut que ce soit un astronome, un *feleqdji* ?

— Astronome ? Non, non, pas besoin ! les astronomes ne voient pas mieux que les autres. Qu'il soit un honnête homme et ait une bonne vue, cela suffit : s'il dit qu'il a vu la lune, on le croit et le Ramadan commence. »

Les lois de la nature et les mathématiques, ils s'en moquent bien !... Il faut qu'ils aient *vu* le croissant, ces positivistes dévots. Les premiers jours de chaque lunaison s'appellent d'ailleurs *el gherour*, les trompeurs, parce qu'on peut douter si le mois est commencé; et les gens « qui ont une bonne vue » se donnent le plaisir de prendre en faute l'almanach.

∴

Quand on quitte ces hauts quartiers si recueillis, où les bâillements interrompent seuls les prières et les chapelets, pour redescendre vers le bas de Tunis, la surprise et les comparaisons désobligeantes vous reviennent. Le dimanche bat le trottoir avec tout l' « en dehors » de ses toilettes et de ses coquetteries. Les cafés regorgent de buveurs ; les coiffeurs italiens et français travaillent fébrilement, répandent sur les chevelures les pommades et les eaux qui, évaporées tout à l'heure au soleil, exhaleront aussi des odeurs de rose et de verveine, mais plus lourdes que celles des souks musulmans, des parfums gras délayés dans la sueur de corps adipeux. Les pousse-pianos de Sicile sont rentrés, leur recette étant faite, mais une autre musique les remplace, celle des zouaves, dans l'avenue de la Marine. Et le public mondain de Tunis use sa liberté du dimanche en un singulier exercice, imité de toutes les villes de province, qui consiste à battre l'avenue en foule pressée dans l'intervalle des morceaux; tous vont à enjambées de promenade, tournent au même point et reviennent vers les soldats qui rejouent. Foule aux robes tapageuses, aux vêtements d'homme plus humbles; fonctionnaires à budget fixe, colons sans le sou, à peine installés. Çà et là quelques turbans, mais bien peu, plutôt des juifs. Pourtant, au bas de la cathédrale catholique, il y a deux rangées longues de bancs informes sur lesquels paraît se faire la fusion des races et l'accord des goûts : là, des voyous chrétiens, juifs et musulmans, quelques petits rentiers fatigués de leur canne, des nègres qui dorment, des jeûneurs éveillés qui attendent la fin de la journée, impassibles au milieu des gâteaux qu'on mange, des cigarettes qu'on fume autour d'eux. Et lorsque engourdis de repos, ils se secouent un peu, c'est pour aller deux à deux, à pas veules, s'appuyer le menton sur la grille d'un jet d'eau qui sifflote au milieu d'un parterre de fleurs. Ils l'observent jaillir et discutent, pendant des heures, sur le phénomène de son jaillissement....

Je suis remonté tout exprès vers les souks pour voir la contenance des musulmans, au coup de canon rompant le premier jeûne. (On en tire deux, l'un à la Marsa, où habite le Bey, l'autre derrière Tunis, au fort d'el Azouz.) Dans la rue à ciel ouvert nommée *Souk el belat*, populeuse, boueuse malgré le beau temps, aucune impatience de l'heure qui approche ; quelques montres tirées, quelques cigarettes roulées ; les cafetiers commencent à remuer leur fourneau pour faire chauffer l'eau, car cigarette et café, voilà, au dire de tous, la meilleure façon de rompre le jeûne : c'est la privation de boire et de fumer qui est la plus dure à supporter.

Soudain le coup de canon roule ses vibrations dans les ruelles : aucun cri de soulagement, aucun accent de révolte contre le joug rejeté ; le cafetier distribue ses tasses, et comme il les prépare une à une, les derniers servis ont bien un quart d'heure de plus à jeûner ; l'un d'eux sculptait une orange avec la pointe d'un couteau, il n'a pas bougé ; sans doute il trouve si beau ce qu'il vient de faire, qu'il enveloppe son œuvre dans son mouchoir au lieu de la manger. Toutefois des allées et venues plus fréquentes ont lieu dans le *Souk el belat;* des gens accroupis terminent leur conversation et rentrent chez eux, apportant le dîner de la famille dans leur mouchoir. Une vieille mendiante blottie contre une borne, et qui s'endormait elle-même à force de répéter « Sidi-abd-el-Quader... », s'est réveillée au coup de canon; cette condamnée à un Ramadan perpétuel demande d'une voix plus aigre le petit morceau de pain que la fin du jeûne permet à d'autres. Mais voilà qu'à cette heure où les lanternes s'allument, la mécanique musicale se remet en marche, plus étouffée que le matin, cantonnée dans certaines régions de la ville. Près de la place de Carthagène, centre du quartier espagnol, dans des rez-de-chaussée qui sont des granges habitées par des familles de colons, dans des hangars encombrés de lits, des bals s'organisent autour des pianos à manivelle. A défaut de femmes, les jeunes gars espagnols et siciliens dansent entre eux, en bras de chemise, le foulard volant, mais le chapeau mou posé en vainqueur sur un toupet lustré de pommade.

*
* *

J'ai des amis dans le *Souk el birka*, marché des bijoux, des diamants, des œuvres artistiques. Ils sont brodeurs sur *filali*, c'est à dire sur le meilleur des maroquins, celui qui vient du Tafilelt. Ils ornent des housses de selle, des caparaçons de velours, des têtières de cheval et de mulet, des courroies de poitrail qui sont comme une coulée d'or en gouttes, des pantalons de femme raidis par la surcharge des paillettes, d'aspect sacerdotal comme des fragments de chape, destinés aux riches ou aux favorites pour lesquelles on se ruine ; — de minuscules habillements complets de bébés musulmans, tuniquettes vaniteuses de soie pâle frangées d'or, soutachées d'or, cascatelles d'or à peine souples ; — des bottes qui miroiteront dans les chevauchées de fête ; — des djebiras, des sabretaches, mosaïques de peaux cernées de fils d'argent ; — et surtout les chechias rouges à petit gland bleu ciel pour toutes les femmes, portant au front les armes de Tunis, le croissant et l'étoile sur un fond de hallebardes, ces toques rouges réservées comme les pantalons d'or, aux apparats de l'intimité, à l'exclusive contemplation du maître.

Ce sont des artistes plutôt que des ouvriers: burnous gris-perle, burnous crème, turban de soie brochée, les jambes jamais nues, toujours en bas blancs. Ils travaillent avec des diamants aux doigts, dans le casier qui leur sert de boutique, ayant juste l'espace pour se faire vis-à-vis, en allongeant les jambes, et la hauteur pour se relever parmi les selles exposées, les étriers, les djebiras qui pendent, les pantalons mauve dépliés sur leurs broderies. Ils passent leur vie en cette échoppe aussi vulgaire et privée de décor que n'importe quelle mercerie arabe, — riche cependant comme un musée par les travaux d'or et d'argent qu'elle contient. Ils dessinent sur le parchemin avec la pointe d'un canif les contours que suivront tout à l'heure les fils d'or, les « lentilles », les tortils compliqués, — avec une sûreté de main étonnante, sans modèle, tirant les dessins de leur tête, des traditions qu'on leur a transmises.

Abou-Bekr, ouvrier de confiance, ami de travail, presque un égal, mais non patron, occupe le coin gauche de la boutique. Il a un œil affaibli à force de suivre près les petits points, de chercher le trou dans les paillettes; aussi se tourne-t-il parfois vers le carré de jour qui tombe de la voûte du souk, afin de mieux voir; les deux bouts de ses bas blancs posés alors sur le rebord de la boutique, dépassent dans la rue et s'aperçoivent de loin, son turban aussi, courbé, attentif sur la pince de bois qui tient l'ouvrage. Sa main est potelée, soignée, blanche, et a des recherches de doigts entre eux comme une main de femme; il prend toutes choses avec une extrême délicatesse, — peut-être l'habitude de tâtonner du bout de son aiguille, sur un mouchoir qui lui bande les jambes et forme coupe, les imperceptibles « *countils* », filetages d'or et de vermeil que la soie va fixer sur le dessin. Son visage est gras, sa peau fraîche et frais rasée; son cou se penche avec des coquetteries; ses yeux pleurent facilement quand il rit et son menton se double; ses lèvres toujours closes sur un sourire de délicat qui savoure la vie, s'ouvrent avec mesure sur des dents très belles. Beaucoup de choses lui font faire une grimace et un torticolis de répugnance: une supposition sur notre manière de vivre, à nous chrétiens, un mot arabe employé à la campagne, d'un patois ridicule à

Tunis. Il cherche avec soin, sur le tapis, une place pour ses pieds chaussés de blanc, et hors de la boutique, un pavé sec pour déposer ses *sabbatt;* il arrange commodément autour de lui les petits tas de paillettes, de filetés et de poinçons. Il boit en gourmet, éternue avec discrétion, tousse en mettant sa main devant sa bouche, et ses yeux éteignent décemment les sourires de célibataire qu'il adresse aux femmes passant. Il sait montrer en tout qu'il vient de Stamboul, connaît et pratique les belles manières de la capitale.

Mon autre ami, Mohammed Ali, plus jeune, est le maître de l'atelier ; à lui toutes ces belles œuvres d'art exposées longtemps, vendues bien rarement, inutiles bientôt peut-être, si la correction dénudée des habits européens devient de mode à Tunis. Il est moins assidu au travail qu'Abou-Bekr, — ce qui prouve sa maîtrise — flâne souvent, se lève pour aller à la mosquée ou chez lui voir ses enfants et sa femme. Ses burnous, mis avec moins de soin, sont plus souvent variés ; à son doigt brille un gros diamant. Il dit avec une certaine vanité qu'il est marié à une chrétienne, une femme grecque. — Ce n'est pas, comme on pourrait le croire, pour se montrer sans préjugés, mais au contraire pour se glorifier d'avoir amené une créature au sein de l'Islam, puisque ses enfants sont musulmans, non pas chrétiens. D'ailleurs il est curieux des choses nouvelles, voudrait apprendre le français, retient avec une excellente mémoire les quelques mots que je lui dis, notamment celui de juif — *djouif* — qu'il lance dix fois par jour, pour plaisanter, au tailleur israélite d'en face. Plus nerveux, plus instable, il pirouette souvent sur sa chaise, pose son étau de bois et ses aiguilles, saute sur ses *sabbatt*, et s'en va par les souks acheter une fleur dont il a eu soudain l'envie, une *rose turque* à cœur rouge et non pommé, une *amberia* qui sent la fleur d'oranger, — ou bien chercher son plus jeune enfant, chérubin à peau brune, aux yeux de houri, — quelquefois enfant et fleurs ensemble : il les place devant lui sur un coussin, les cajole tour à tour, les approche de ses lèvres, les laisse dormir ou les reprend.

Mohammed Ali a la bouche moqueuse ; ses lèvres roulent les plaisanteries avant de les lancer ; ses yeux pétillants clignent les mots et commandent à des changements de physionomie plus fréquents. Aux « amies » qui passent dans le souk, il crie des phrases lestes, riposte à un regard ou à une moue par un appel audacieux : Abou Bekr les murmure seulement.

Le Ramadan l'engage à l'innovation. Il est allé acheter, dans la ville du bas, une boîte de thon à l'huile, qu'il manie avec beaucoup de précaution. Quelques voisins apercevant de leurs boutiques cet objet brillant, s'approchent et examinent la boîte : l'étiquette en italien les intrigue. On me consulte : « qu'y a-t-il d'écrit ? » — Je traduis : « *Ventricoli* etc, petits ventres de thon..., à l'huile surfine..., grande fabrique de conserves..., Livourne... instruction pour ouvrir.... » Un cercle s'est formé ; dix passants tendent l'oreille à cette traduction... « C'est tout ? — Oui... » Ils paraissent désappointés comme s'ils avaient attendu mieux de cette rutilante étiquette vernie, une histoire..., quelque chose d'imprévu enfin. Mohammed Ali m'explique que c'est une surprise qu'il veut faire à sa femme, un régal pour le dîner, quand le coup de canon aura délivré leur estomac.

Abou Bekr bâille depuis quelques instants avec persistance, quoique avec lenteur. A son tour il est un peu *saïb*, un peu fatigué ; il regarde l'heure ; il n'est pas encore bien entraîné au jeûne. Mohammed Ali aperçoit un cafetier qui porte à un juif du souk — avec de si jolis gestes d'équilibre ! — une de ces petites tasses au bout d'un long manche, et lui crie : — « Eh ! ami, apporte le café à Bou-Bekr. Bou-Bekr, a soif .. » Bou-Bekr, rougissant, se penche vivement hors de la boutique et fait signe au cafetier, de son doigt armé d'une aiguille « non ! non !... », tandis que des voisins, des flâneurs du souk se précipitent sur Bou-Berk, sur Mohammed Ali, prêts à les culbuter au fond de leur échoppe, s'ils renouvellent le scandale d'appeler un cafetier à 3 heures de l'après-midi, tous d'ailleurs comprenant la plaisanterie, sachant bien qu'un musulman honorable ne peut avoir l'idée monstrueuse de rompre le Ramadan. Le cafetier s'est éloigné en souriant, sans même répondre ; au besoin il veillerait sur le jeûne du souk tout entier et ferait des réprimandes.

Bientôt après, sous la voûte blanche du souk, éclairé par de larges chûtes de soleil, et où l'o n'entendait que les mots rares prononcés dans le travail, le bruit des ciseaux, et le faible froissemant des herbes longues que le vent agite au bord des lucarnes de la voûte, un fredonnement soutenu par des sons de guitare s'est élevé, rapproché en trainant. J'avais aperçu déjà ce musicien dans le *Souk-el-Attarin* : un grand jeune homme coiffé du turban, en simple gandoura de couleur grise, sans burnous, et qui a une figure de créole, des lèvres fortes souriant de coin aux pizzicati qu'il tire de son luth, en penchant l'oreille sur lui, de grands yeux purs, inexpressifs, la face épanouie dans une satisfaction niaise qui rappelle la physionomie des ténors. Il scandait à petits pas sa marche sous le souk, stimulant le son des cordes parfois, et quêtant de l'œil les désirs de l'entendre qui s'éveilleraient dans les échoppes.

Quand on l'a fait jouer pour soi, on lui donne quelques sous, — un paiement, non une aumône. Cette aubade achetée par un pauvre artisan n'est pas rare ici. Comme il y avait un escabeau près de la boutique de Mohammed Ali, le musicien s'y est assis sans se tourner vers les uns ni les autres, de peur de s'imposer, et s'est mis à chantonner un air simple, niaisement amoureux, une ariette de bergers galants qui s'offrent des roses, des fleurs d'orangers, soupirent et se séparent, sur un accompagnement toujours pareil, quelques notes d'un refrain triste. Mohammed Ali s'arrêtant de travailler, s'est mis à écouter ; il a même fait signe au joueur de *goumbri* (c'est ainsi qu'à Tunis on appelle le luth) de venir plus près. Bou Bekr qui baissait le nez sur ses paillettes et semblait visiblement gêné, a fini par lui dire à mi-voix : « c'est un péché d'écouter de la musique dans le mois de Ramadan. » Mohammed Ali a sursauté : « un péché? mais non.... cela ne trouble pas la tête ; la musique ne rend pas ivre comme le vin...

— C'est un péché, insiste Bou Bekr qui en est sûr.

Mohammed dit encore « mais non... » avec plus d'inquiétude.

— Lis Sidi Khalil et le Cheik Omar, reprend Bou Bekr, tu verras !...

— Ah ! alors c'est un péché, conclut Mohammed Ali en se tournant vers moi, c'est *haram.* — Et il fronce le sourcil au ténor créole toujours extasié sur son luth.

Je voudrais bien continuer la discussion, et je reprends :

— ... Tout ce qui trouble la tête?... mais la bière, est-ce un péché?

— Pendant le jour, en Ramadan, fait Bou-Bekr, oh! oui, on ne doit ni boire ni manger, mais après le moghreb, non.

— Si, c'est un péché, reprend cette fois Mohammed. La bière tourne la tête comme le vin.

— Mais non!

— Mais si, ripôste Mohammed, elle enivre!

— Ah! alors c'est un péché, c'est *haram*, dit Bou-Bekr attristé, en se tournant vers moi, vaincu à son tour.

Une heure après, nous avons causé des différents genres de musique, la française et l'arabe. « Laquelle vaut le mieux? » Mohammed et Abou-Bekr ont répondu aussitôt : « c'est la musique arabe ». — « Mais pourquoi? ai-je dit, celle des zouaves, avec leurs instruments, est bien plus forte, elle entraîne davantage. » — « Non, non, dit Bou-Bekr, la musique arabe a des paroles, on comprend, tandis que celle des Français n'en a point. Et nous avons aussi, nous autres Tunisiens, une musique forte.., va entendre celle du Bey, à la Marsa:.. » — « Ah! oui, je l'ai entendue » — « Eh bien ceux-là jouent parfaitement et c'est très beau, parce qu'ils jouent des airs tunisiens que nous connaissons tous, (vous ne les connaissez pas, vous), et puis ils sont supérieurs aux musiciens français, parce qu'ils jouent *avec leur tête* (par cœur), tandis que les autres ont besoin de lire, et pendant qu'ils lisent, ils ne peuvent pas donner toute leur force à ce qu'ils jouent. D'ailleurs les Tunisiens savent lire aussi, mais n'ont pas besoin... Va les entendre à la Marsa, quand ils soufflent tous à la fois, et tu compareras... »

Mohammed Ali avait hâte de rentrer chez lui pour offrir à sa femme la boîte de thon. Il ferma la boutique : « Je m'en vais surveiller le dîner, me dit-il, avec un coup d'œil de gourmand heureux... ; du riz au lait avec cela, ce sera bon...! ». Tout en marchant dans le souk, où beaucoup chantonnaient — (car la faim fait chanter), à côté de Mohammed portant sa boîte de conserve, j'imaginais ce singulier intérieur : une femme belle, aimée, qui revêtait pour lui seul (Mohammed Ali m'avait fait des confidences) un magnifique corselet d'argent, un pantalon d'or brodé par lui-même, et qui valait plus de mille francs, — une favorite restée ménagère, à qui son mari courait offrir le régal rare d'une boîte de thon à l'huile avec un plat de riz au lait, et je comparais la facilité au bonheur de ces gens, leur manque de besoins, à la tyrannie de nos mœurs. Quelle grimace ne ferait pas une parisienne invitée à souper avec une boîte de thon! En gardant pour l'amour le sentiment de pudeur rougissante, de mystère honteux que les enfants voisins de la puberté ont pour lui, combien plus délicate est leur conception du mariage, à côté de notre « famille » prud'hommesque, toujours prête à étaler en public les joies de la cohabitation, de la grossesse et de l'allaitement, le terre à terre du « bras dessus bras dessous »!

*
* *

C'est de l'échoppe de Mohammed et d'Abou-Bekr que je veux voir le Ramadan, parce qu'elle est au centre de la ville bien musulmane, du moins au centre de l'Islam qui s'exhibe dans les boutiques, puisqu'ailleurs il ferme sa porte et demeure impénétrable. Et puis ce *Souk el Birka* tient au carrefour d'autres souks; on assiste de là, aux passages en masse et aux espacements de la foule, selon les heures. Il est assez calme pour que les conversations s'y nouent d'une boutique à l'autre, et il se transforme facilement en une salle de conversation générale, la hâte du travail n'étant pas assez grande pour faire taire les causeurs. Beaucoup de désœuvrés s'en rendent compte, car ils viennent de préférence s'asseoir ici, au rebord des boutiques.

Les « petites femmes », qu'on flagelle à Tunis du nom tout cru de *quahab*, paraissent toutes désorientées depuis quelques jours. Elles viennent bien encore rôder autour du marché aux bijoux qui se tient devant la grille d'un nègre d'Ouargla devenu marchand de diamants, — il n'y a que les anciens esclaves pour parvenir à de telles positions! — mais au lieu de s'enfuir très dignement devant les signes ou les appels, obligées par la religion au carême de l'amour, sûres qu'on ne les provoquera pas, elles viennent s'asseoir sur la planche des boutiques, bâillent à déranger leurs voiles, forcées ensuite, pour les retirer sur leur nez, de montrer leur petite main chargée de bagues, aux ongles décorés de croissants jaunes. Elles s'ennuient immensément parmi tous ces hommes qui ne leur disent rien; elles tordent autour d'elles, avec des gestes plus nerveux, les plis qui les enveloppent. L'un de ces gestes familiers, des plus jolis, consiste à entasser leur voile sur l'épaule gauche, pour qu'il ne traîne point, et à l'y rouler en torsade; un autre, à le faire tournoyer vivement autour de l'avant-bras levé. Toutes n'ont pas des bagues étincelantes ni des *melhafas* de soie ; elles se contentent du simple voile uni, de la pauvre cotonnade bien blanche, qu'agite une allure plus modeste de grisette à ses débuts. D'autres même, indifférentes, des négresses surtout, se jettent sur la tête une longue serviette-éponge qui leur donne un air peu élégant de baigneuses.

A la boutique de Mohammed Ali vient s'asseoir tous les matins une grande femme aux regards langoureux, au nez très pur dessiné sous les bandeaux de son visage. Bien que noirs comme le veut la mode de Tunis, ils ne sont pas opaques comme les autres *assabas* ; elle les porte en tulle; sa peau reparaît dessous comme une brume de chair. Quand on l'irrite ou qu'elle a un mot bien net à répondre, elle pince entre deux petits doigts le bandeau inférieur et l'écarte de sa bouche pour mieux parler. Sa voix traînante; enfantine, désolée, passe facilement au ton bourru. Elle s'affiche, c'est-à-dire qu'elle ose montrer ses yeux bien au large, et même ses sourcils d'un noir d'encre, — deux arcs luisants entre les tulles mats. Mohammed Ali s'est penché vers moi le premier jour, et m'a dit à l'oreille : « Elle n'est pas jeune, près de 26 ans, vois, elle a une ride sous les yeux ». — En effet une petite ride, un peu d'insomnie marquée là, mais si fine, une paupière si peu soulignée de langueur que cette fanure passerait à Paris pour le comble de la morbidesse aristocratique. Sur le front des autres femmes, il n'y a souvent qu'un froncis du bandeau noir et une cage au-dessus des yeux : son front, à elle, est droit et dégagé sous le tulle tendu court. Elle a de drôles de petits pieds, pas assez longs, un peu larges, chaussés d'escarpins bleu ciel. Pour contenir les mousselines de soie qui glissent autour d'elle, ses deux coudes restent serrés au corps; ces deux points seuls apparaissent nettement, le reste perd sa forme dans un monceau de plis et une surcharge de voiles. Cependant on aperçoit de temps en temps, lorsqu'elle remue ses bras, un justaucorps de velours vert chamarré d'or, des ongles taillés en amande, trempés dans le henné par le bout, et des diamants qui ruissellent dans l'ombre de la soie vite refermée. Son nom est *Habiba* qui veut dire « amie ». J'ai tâché de savoir si c'était un surnom de guerre. — « Mais non, m'a-t-elle répondu, étonnée de mon ignorance, c'est mon petit nom, Habiba. Est-ce que les chrétiens n'ont pas de petit nom comme les Tunisiens? » — « Oh! si, je crois bien ; même nous avons des mots encore plus gentils que les petits noms, comme de dire par exemple *Douja* pour Khedidja, *Biba* pour Habiba. » Elle s'est mise à rire aux éclats. J'avais touché juste dans le diminutif.

Une négresse nous voyant rire, est venue rire, et s'asseyant dans l'angle du seuil de bois, nous a présenté une boîte ronde en or massif, pareille à nos bonbonnières des siècles derniers et remplie d'ambre. La boîte a circulé de main en main. Pour se délecter à cette senteur, Habiba a lâché la main à tous ses voiles : un autre parfum d'ambre s'en est échappé, plus capiteux, mêlé à un aigre musc. Mais la boîte d'or n'appartenait pas à la négresse. Le « maître » de la boîte la lui avait confiée seulement, un vieux juif joaillier qui est arrivé quelques instants après, et a scruté d'un coup d'œil rapide si l'on était prêt à acheter : personne...

La boîte se promenait toujours sous les narines ; elle finit par passer aux mains de deux autres jeunes femmes qui étaient venues s'appuyer aux montants de la boutique.

Vraiment je m'extasiais sur l'admirable probité de ces artisans et de ces femmes, aussi bien que sur la confiance de ce juif qui laissait aller ainsi un joyau d'or, puis des diamants, essayés à dix doigts avant de lui revenir, sans douter un seul moment de tous ces inconnus. Que l'on se rappelle les regards de gendarmes de nos bijoutiers, et leurs portes doubles combinées pour qu'on ne se sauve point ! Ici le plaisir de manier des bijoux est aussi grand que si on les achetait.

Abou Bekr continuait à sentir la boîte d'or avec de grandes précautions, comme s'il redoutait une surprise pour la délicatesse de son odorat. — « Mais, Abou Bekr, lui dis-je, est-ce que ce n'est pas un péché que de sentir des odeurs en Ramadan? Par là il me semble qu'on doit rompre le jeûne, car une odeur n'est qu'une petite fumée, une vapeur comme celle de la cigarette ; tu bois avec ton nez, voilà tout... » — « Non, ce n'est pas un péché, non, s'écrie à l'unanimité le cercle des gens arrêtés. » — « Cependant j'ai vu depuis quelques jours, dans la rue de la Quasba, bien des gens se boucher les narines en passant devant les marchands de friture. Pourquoi ? » — « Ce n'est pas un péché, reprend le cercle. C'est qu'ils trouvaient que la friture sent mauvais. » — « Mais un saint, voyons, un grand saint qui voudrait être tout à fait pur, plus que les autres fidèles, ferait-il mieux de s'abstenir des odeurs? »

Indécision... : ils ne savent plus. Abou Bekr finit par me dire bas, comme une conviction à lui : « Il vaut mieux ne pas respirer d'odeurs, mais ce n'est pas un péché... »

La négresse à la boîte d'or me semble se complaire aux histoires salées ; elle en raconte, et rit si fort que ses grosses lèvres font un relief mouvant sous l'*assaba* noire. Elle a de bons yeux tout ronds, sans malice — des yeux de chien fidèle, qui s'écarquillent, font une continuelle parade de comédie entre les bandeaux, tandis que le bas de la figure fait le museau. Elle ne cache pas ses mains, elle, ses mains aux ongles jaunes. Nous causons. Je lui demande : « Enfin.., que font les femmes à Tunis pendant les journées de Ramadan, puisque... c'est défendu par la religion, qu'il faut jeûner l'amour ? » — Abou Bekr répond vivement : « *Ilabou*, elles jouent... » — « Elles jouent ? à quoi ? comment ? » — « Elles jouent par paroles, elles plaisantent, en attendant le coucher du soleil. Ensuite elles vont aux bains et ensuite elles peuvent recevoir leurs amis toute la nuit, ce n'est plus un péché. » — « Et il n'y en a pas.... qui.... dans le jour, malgré la défense ?... » — « Oh !... ». Un soulèvement d'indignation tout autour de moi.

Abou Bekr détourne la tête d'un air d'horreur, et dit : « Ce serait d'un mauvais goût !... » Les autres continuent à protester, Mohammed Ali en tête : « Tu n'en trouverais pas une dans Tunis, même la plus pauvre... » Habiba m'a tourné le dos ; elle est en colère, et serre ses voiles sur ses coudes. Il est évident que ma supposition est sacrilège. Elle se lève et s'éloigne d'un air maussade ; s'éloignent aussi les deux femmes blanches accotées aux chambranles, en s'étirant des épaules sous leurs voiles ; le juif a repris sa boîte à parfum, la négresse bâille, découvre ses gencives roses, dit adieu à chacun, même à moi — sans rancune.

En redescendant la *rue de l'Eglise*, longue veine tortueuse qui, comme la rue de la Quasba, mène des souks au bas de Tunis, les premières communiantes italiennes et maltaises, exposées aux vitrines des photographes, à côté de zouaves coloriés en groupe, m'ont paru effrontées de regard et inconvenantes de tenue, avec leurs cheveux coupés à la chien, leurs mousselines blanches et leur cierge en main, — un contresens ridicule de la pudicité, à côté de ces autres femmes que je venais de voir, si modestes de tenue, à peine oseuses de regards, s'effarouchant pour un mot et promenant à travers les souks la décente pénurie de leur jeûne d'amour.

*
* *

Abou Bekr, en retard hier à la boutique, est arrivé si épanoui dans sa chair grasse, si rafraîchi, si parfumé à la rose, que j'ai deviné qu'il venait du bain, et pensé — malgré mes fréquents oublis de la politesse arabe — à lui souhaiter « santé, force et salut éternel ». Bas blancs qu'il ne savait sur quelle fleur du tapis poser pour ne point les salir, mollets rebondis, souple d'assise, faisant le cygne avec son cou et se rengorgeant dans son menton blanc rasé, le turban serré, nettement tourné et noué, les « éclipses » des tempes bien dégagées, Bou Bekr ne pouvait se mettre au travail, il n'en finissait plus de se donner sur les épaules des coups d'œil satisfaits, de se humer rajeuni par un bain si excellent.

Il m'a expliqué qu'on savait, dès l'entrée dans un hammam, combien cela coûtait, par le nombre et la richesse des haïks, des *bachquirs*, dont on vous couvre. Soie ou coton, neufs ou vieux, ils indiquent tout de suite si le bain est à 5, à 8, à 15 sous, ou bien à 1 fr. 50 ; le « maître du bain » vous donne alors des serviteurs pour vous savonner ; dans les bains pauvres, on se baigne soi-même.

Après hésitation, il m'a dit, avec une moue de répugnance : « Pourquoi vous baignez-vous tout nus, vous autres? Ce n'est pas bien... Pourquoi ? » — « Tout nus ? mais non, Bou Bekr, jamais... nous avons, tout le monde, des.... ce que l'on appelle « caleçons » : figure-toi un pantalon très court, un pantalon qui n'aurait pas de jambes... » — « Mais tous les *serouals* ont des jambes, observe Bou Bekr; je ne comprends pas ça, ca-le-çon ? » — « Je sais bien... mais enfin figure-toi... le début... le dôme d'un pantalon : caleçon, c'est ça... » Bou Bekr hoche la tête : je dois le tromper ; — et confidentiellement : « Je connais, dit-il, des musulmans de Tunis qui ont voulu voir les bains français; eh bien! on n'a rien voulu leur donner à l'entrée, quand ils ont payé, pas même le plus petit haïk, alors ils ont redemandé leur argent et sont partis. Ce n'est pas beau de se baigner tout nus les uns devant les autres, euh !... » — « Mais je t'affirme, Bou Bekr... C'est à la mosquée que l'on t'a raconté cela? »

— « Oh ! non, non, la *Khotba* (sermon) explique le Coran, voilà tout. »

Du bain, nous en sommes venus à parler d'épilation et de pâtes épilatoires : « Pas bon, la *dabia*, dit Mohammed-Ali, je connais ça : une pierre jaune, tu grattes le mur... » — « Je gratte le mur ??... » — « Oui, tu grattes le mur pour avoir de la chaux, tu mets fondre moitié *dabia* et moitié chaux dans l'eau tiède, tu frottes ta peau, tu tires le duvet, et tout de suite il faut relaver avec de l'eau chaude, sans quoi ta peau serait brûlée, et puis ça repousse toujours... le petit rasoir vaut encore mieux... Il n'y a que les femmes qui se servent de la *dabia*, et encore... » — « Mais cependant, ai-je dit, il y a des pâtes qui détruisent les poils, et ils ne repoussent pas. » — « Ça ne repousse pas ? » fait Bou Bekr, s'arrêtant de piquer ses fils d'or. — « Jamais ? » dit Mohammed ouvrant des yeux étonnés. — « Jamais..., je ne crois pas..., tu es épilé pour toujours... » Il arrête un de ses amis passant dans le souk, lui explique ce qu'il vient d'apprendre, puis un autre. Un cercle se forme, obstrue le jour, devant moi qui suis assis. — « Et qu'est-ce que c'est ? » — « Une poudre, je crois, ou une graisse, une sorte de confiture pétrie... » — « Le nom ? » —

« Rusma, le rusma du sérail. Tu n'en as pas entendu parler Bou Bekr à Stamboul? » — « Mais non, et où ça se vend-il ? » — « Chez tous les pharmaciens, je pense. » — « *Rousma dou seuraï*, fait Mohammed Ali, piquant là son aiguille, et remettant un second burnous. J'y vais, j'y cours... *rousma dou seuraï*. »

Bou Bekr, seul avec moi, m'a demandé pourquoi « sérail, du sérail? » Je n'étais pas encore parvenu à faire comprendre à Bou Bekr que les Français se trompent, prennent *sérail*, qui veut dire *palais*, pour l'appartement des femmes, le harem, lorsque Mohammed Ali revint désappointé : il n'avait rien trouvé chez aucun pharmacien de la ville basse. Bou Bekr continuait à me demander « pourquoi sérail? » — « Eh ! parbleu, répond Mohammed avec impatience, *du palais*, cela veut dire que le sultan de France s'en sert dans son palais, que c'est une drogue très bonne, qu'il s'épile avec le *rousma*, et sa femme aussi.. — il n'a qu'une femme, n'est-ce pas, le sultan de France? » — « Oui, oui. » — «... que le sultan est « boun garçoun (en français, il connaît ce mot-là) puisqu'il permet qu'on vende sa drogue à tout le monde. » — « Mais puisqu'il dit que ça vient de Stamboul ! » crie Bou Bekr.

Mohammed s'arrête net et hausse les épaules; pour lui tout seul il se répète : « *Rousma, rousma dou seuraï.* » Bou Bekr fait la grimace et titille ses dents avec sa langue : « Ah! je ne comprends pas, je ne comprends pas!... » Il m'a fallu écrire le mot cinq ou six fois sur des petits bouts de papier qu'on me tendait et qu'ensuite on replaçait dans la ceinture, soigneusement. Une jeune fille a noué le précieux nom dans un coin de son foulard, avec de grands remerciements.

*
* *

Chez les deux brodeurs vient encore très souvent un jeune homme d'une vingtaine d'années, Abd el Mesjid, pâle, éreinté, l'œil malicieux et cerné, la lèvre convexe, serrée en un petit bec qui ajuste les plaisanteries mordantes, avec un rire qui ride ses joues maigres. Son turban, à minces spires blanches, est mis en arrière, comme si sa tête était tirée par le poids du gros gland de soie qui pend. Il traîne en ondulant son corps maigre dans le souk, son nez long enfoncé dans une rose qu'il hume ou dont il se caresse les joues; elles sont piquées de petits boutons — un peu d'acné de jeunesse, et ses oreilles rougissent comme des crêtes. Il ne s'assied pas comme tout le monde, au hasard; il lui faut des coussins, un angle pour son dos; il se cale, promène alentour un œil harassé. — « Eh bien ! Abd el Mesjid, comment cela va-t-il? » — « *Quaha*, j'ai du dégoût, de la lassitude. » Il bâille, il a mal à l'estomac, il tombe sur son coude. Le tailleur israëlite d'en face se moque de sa faiblesse, doute qu'il ait la force d'aller jusqu'au bout du Ramadan, et voilà Abd el Mesjid qui bondit hors de ses coussins, oublie ses reins courbaturés, se précipite, la chaise levée, sur le juif, bouleverse gilets et gandouras, renverse les sébiles d'épingles et met un tel désordre, que le juif se fâche pour tout de bon, tandis que Mohammed Ali crie, à la rescousse, « *djouif, djouif, lui djouif!* »

Abd el Mesjid est aussi brodeur. Il a une boutique... par là... je ne sais... du côté du *Souk es serradjin*; mais toujours fermée, sa boutique: « *beuttol* », c'est interrompu, il est en congé. Et il appuie son nez pointu sur sa rose, dormaille dessus, gémit de la gorge, quand il lui faut se tourner. Le diamant de sa bague est plus gros que celui de ses deux autres amis ; il la retire souvent de son doigt et joue avec, à la balle en l'air, ou vous la pose dans la main dès qu'on la regarde. Il doit être riche, a des burnous de drap bleu sur des burnous bistre savamment superposés ; ses badines sont à pomme ciselée. Je lui ai demandé un jour s'il était marié. Il m'a répondu à demi moqueur : « Oui, marié », avec une moue de complète indifférence. Toutefois, il se réveille quand une femme traverse le souk, la plaisante de loin, la taquine, l'irrite jusqu'à temps qu'elle s'enfuie en lui lançant un regard courroucé.

J'ai voulu connaître son opinion sur les femmes françaises : il hait les tailles fines. Abou Bekr et Mohammed pensent de même : « Cela indique la faiblesse ; pour avoir de belles cuisses et des hanches larges, une femme doit avoir la taille forte. » Les costumes d'Européennes et leurs chapeaux à grandes plumes ne lui semblent pas laids, mais il trouve les figures vieilles, ridées, fanées, horribles. Très souvent il voit juste et a raison. Sur tous les gens qui passent, il a un mot très désobligeant et le dit si haut que Mohammed Ali le pousse de l'épaule pour qu'il se taise : on pourrait entendre. Un jeune musulman de son âge, à peu près, d'une mise très élégante, s'avance dans le souk, un parasol blanc sous le bras, et un binocle d'or sur le nez, — sans doute quelque interprète en train de se composer une tenue à la « jeune Tunis » ; son turban a des ramages beige, son haïk est si étroitement serré en passe-menton qu'il a l'air, avec sa face rose et joufflue, d'une jeune religieuse : Abd el Mesjid lui éclate de rire au nez, d'un rire intempérant ; l'autre se retourne. Certains hommes des campagnes voisines (de la Dakhela, je crois) ont coutume de porter, en guise de turban, un écheveau de laine vert sombre, couleur de noblesse réservée aux descendants directs de N. S. Mohammed. Abd el Mesjid s'écrie, sur leur passage, que le vert n'appartient qu'aux *cheurfa* (nobles), que seuls, les ignorants, les rustres de la campagne osent s'en parer, — et rustres et ignorants n'ont pas l'air content. Vu de profil, avec son nez long, le maxillaire avancé en pointe, les lèvres closes de dégoût, et son turban renversé pareil à une chevelure rejetée, Abd el Mesjid rappelle, avec moins de distinction, certains portraits d'Alfred de Musset. Un grand nombre de Tunisiens de Tunis m'ont d'ailleurs fait réitérer cette remarque : silhouette inattendue émergeant de la fusion de toutes les races qui ont émigré ici.

*
* *

Aujourd'hui Mohammed Ali est distrait; il donne tous ses soins à un bouquet de roses et de giroflées qu'il place tout près de lui pour le mieux sentir, recoupe la queue, écarte les pétales, inspecte le cœur avec un enfantillage de femme.

Une grande fille, vêtue, sans richesse, de cotonnades blanches, s'approche derrière son dos et se met à pousser des hennissements : « Tiens, la *Boggoucha* ! » s'écrient à la fois Bou Bekr et Mohammed. On m'explique qu'elle est muette réellement (*boggoucha* signifie muette). C'est une des plus jolies femmes de Tunis; beaucoup l'aiment « parce qu'elle danse très bien ». L'expression de ses yeux est excessive, comme chez tous les êtres privés de parole; le peu qu'on voit de ses sourcils, les dandinements de sa tête donnent une précision étonnante au sens de ses hennissements. Ses gestes sont agités — sous ses voiles et en dehors, ses mains toujours en service descriptif. Mais elle est très gaie de caractère, rit sans cesse et... manque de tenue : son corps est trop souple, trop pantomimique ; sa démarche féline et ses cris inarticulés font penser à une tigresse qui se plaint.

Elle est partie après avoir secoué la tête pour nous saluer, mais, près de la porte du souk, répondant à une invite partie d'une boutique, elle s'est mise à mimer l'amour avec un cynisme révoltant, un déchaînement de ses reins, et des cris sauvages qui faisaient de la *boggoucha* une bête exaspérée par le rut. Des petits garçons et des fillettes la regardaient avec complaisance et lui souriaient, faisant haut des réflexions d'une crudité tout arabe, dites sans impudeur, sur un ton de joie innocente. Puis la *boggoucha* s'est remise en état de femme sévèrement voilée, s'est éloignée par la rue Sidi-ben-Ziad.

*
* *

Abou Bekr se tourmente pour comprendre une image de diplôme d'Exposition qui lui est tombée entre les mains. On voit dans l'encadrement le Commerce qui tend la main à l'Industrie, la Science qui parait au mieux avec la Marine, et quelques enfants nus circulant parmi des rouages et des marteaux. Il me demande avec un joli clin d'œil d'ami intime, assez bas pour que son ignorance ne me choque point : « Qu'est-ce que c'est ! Qu'est-ce qu'ils font ? » Ah ! ce n'est pas facile à expliquer une allégorie en arabe ! — « C'est.. l'image du Commerce, figure-toi, Bou Bekr, l'âme, l'esprit du Commerce, n'est-ce pas, qui tend la main à l'esprit de la Navigation, autrement dit les négociants qui tendent la main aux marins, tandis que les savants, les *aoulamas* deviennent amis de l'Industrie, des ouvriers enfin... » Bou Bekr et Mohammed Ali disent « oui » par des signes de tête réfléchissants, mais gardent le silence ; ils n'ont rien compris, et j'ai, hélas ! épuisé tout mon dictionnaire de termes arabes abstraits. — « Ce ne sont pas des idoles ? » fait Bou Bekr d'un œil scrutateur. — « Mais non, ce sont des esprits, une vision.... des fantômes de gens qui n'existent pas. » — « Ce ne sont pas des idoles ? » — « Je te le jure, par Dieu. » — « Et les enfants, est-ce que ce sont les enfants des négociants, ou des savants ? » — Ah !

Bou Bekr, mon pauvre Bou Bekr, je n'en sais rien !.....

Abd el Mesjid, moins exténué que d'habitude, est arrivé avec une branche de *khilli* (giroflée) à la main et me l'a offerte bien gentiment. Il ne s'intéresse pas aux allégories. Quoiqu'il m'ait vu empêtré dans mes explications à Bou Bekr, il n'a pas demandé à comprendre. Il se balance en équilibre sur les pieds d'arrière de sa chaise, et déchire tout à coup une peau de gazelle exposée à la devanture. Le craquement le fait se mettre debout : « Allons-nous, me dit-il, nous promener dans la ville, tous les deux? » — « Je veux bien, Abd el Mesjid, allons... »

Nous partîmes à grandes enjambées, car Abd el Mesjid, une fois en mouvement, est toujours pressé d'arriver — où ? il ne le sait pas lui-même. Nous courions dans ces rues blanches et désertes qui descendent de la Mahakma vers le quartier de Bab Souika. Il voulait me montrer la « Hafsia », sorte d'arsenal où l'on fabriquait jadis l'artillerie du Bey, aujourd'hui vidé, le sol défoncé, les portes sans gonds. Cette rue de la Hafsia, interminable, proprement pavée, bourgeoise comme certaines rues du Versailles retiré, est bordée de maisons à façades hautes, à grandes portes sculptées. Pas de fenêtres, à peine quelques lucarnes grillées; les lourds vantaux s'ouvrent rarement. Là demeurent les riches Tunisiens. Quelques-unes de ces maisons, à cheval sur la rue qu'elles laissent passer sous une voûte, ont un aspect de forteresse. Des colonnes antiques dressées, des blocs sculptés d'inscriptions affermissent quelquefois leurs angles. Longtemps se continue, après la Hafsia, l'écheveau des rues pareilles, aussi blanches, aussi fermées, sans boutiques, où l'on rencontre des vieillards qui parlent tout seuls, et un fou errant, nu dans un sac, des couteaux à la main, qu'il essaie en ricanant. De loin en loin une coubba, au fronton vermiculé d'inscriptions coraniques, une coubba dont le dôme vert de tuiles vernies éclate sourdement, ruisselle de couleur dans l'ombre des hautes maisons qui l'entourent. Quand un saint repose sous son toit, la coubba s'appelle plutôt ici *turba*, ou *turban*.

Les rues marchandes, agitées par les boutiques et la populace, ne reprennent que plus bas. Toutes se compliquent d'impasses, d'amorces trompeuses de ruelles, dont les noms sont amusants à lire comme des feuillets de roman. C'est l'histoire de quartier, les inventions du « porte à porte » récitées à l'angle des rues, la vie personnelle des carrefours sans l'intervention d'une municipalité absorbante. Rien n'est pittoresque, parfois charmant de découverte, comme ces courtes évocations d'événements inconnus, ces devinettes proposées aux passants. Quelle originalité, quelle espièglerie, quand on se rappelle les noms de grands hommes imposés par ordre à nos avenues et déplacés selon les bourrasques électorales ! C'est la rue des Assis ou des Siégeants, la rue des Sévères (des juges) qui avoisine la rue des Riches, le Souk des Armes, la rues des Cinq doigts, la rue des Femmes ; ici, l'impasse du Sabre (quelle leçon pour un autoritaire !); là, l'impasse de la Lune ; il y a bien quelques rues qui s'appellent déjà « de la Municipalité », « du Tribunal », mais si vite englobées, cachées par : la rue du Narrateur, la rue des Enfants de Monsieur l'Exagéré, l'impasse de Monsieur le Fou, la rue des Vierges, celle de la Seigneuresse musquée, la rue du Foie, la rue Passante, la rue « Porte de la Tour à feu », la rue « Populaire avec le bien », celles des Foudroyants, du Bain de l'Archer, et du Ramasseur de bribes. Comme ces noms librement choisis (sous les despotes orientaux !) conviennent bien à ces rangées de maisons emboîtées les unes dans les autres, et qui trahissent si bien elles-mêmes le besoin de l'oriental de cacher sa vie. Comme ces couloirs coudés devant les portes pour qu'on ne voie pas l'intérieur, et les ricochets de ces ruelles, sont bien l'œuvre marquée d'esprits incapables de lignes droites et d'ensembles, perdus dans les raisonnements tortueux, toujours à l'affût derrière quelque riposte illogique, déraillant, ne se laissant jamais arrêter de front. J'y pensais, en voyant des groupes d'amis, assis deux à deux ou trois à trois contre une borne, réduits à rien dans l'angle bas d'un mur, joignant leurs burnous, leurs genoux pour se construire une petite tente d'intimité à l'abri du passant ; la tête encapuchonnée, voûtée d'épais turbans, leurs figures toutes proches, ils se parlent bas, d'une voix effilée en fausset, et se donnent de petites tapes d'amitié caressante. On en voit souvent qui se dépassent dans la foule : le premier a les bras derrière le dos et les mains ouvertes, le second se laisse mener en appuyant ses doigts dans la coupe de cette paume, légèrement, comme des doigts effleurant un bénitier.

* * *

Nous avons tourné longtemps, Abd el Mesjid et moi, et nous nous sommes retrouvés au-dessus de notre point de départ, sur une place, dans un quartier bouleversé, près du marché aux moutons. Là se tiennent en permanence, durant le Ramadan, des Aïssaouas montreurs de serpents, et des bateleurs du Sous, qui font leurs tours habituels : un vieux se perce la joue avec un poinçon dans un trou préparé à demeure, ou se fait mordre le nez par une vipère jusqu'à ce que le sang lui coule sur la face. Mais la singerie de douleur est si intense, le passage de la farce à la réalité si bien ménagé que ce vieux jongleur, avec ses contorsions, inspire l'effroi. Le plus curieux est l'ensemble des mains droites se portant aux fronts des spectateurs, ou des deux mains touchant les tempes, lorsque le compère, qui doigte sur le tambourin et chante des vers, prononce les noms de Sidi Abd el Quader Djilani ou de Sidna Aïssa. Abd el Mesjid salue; moi aussi, je finis par saluer, je porte mes deux mains à mes tempes sous mon chapeau rond. Deux pouilleux, placés devant nous, en sont si étonnés, si flattés, qu'ils s'écartent, me poussent avec Abd el Mesjid au premier rang du cercle, où l'on voit bien ; l'un, vieux nègre hirsute, qui a le front constellé d'écorces d'orange pour orner son turban, ne cesse de me sourire, de m'admirer. Et en chœur nous murmurons tous : *Sidi Abd el Quader, Sidna Mohammed, Alih es Salam,...* sur lui le salut !

Pour revenir au Souk el Birka, nous nous sommes faufilés dans un labyrinthe de souks dont les noms sont un répertoire exact des métiers qu'on y exerce : le souk des semelles, celui des pantoufles, le souk du cuivre, où l'on bat les chaudrons à petits coups en rond, — le souk des bobineurs, plein de fils dévidés par des enfants qui fuient avec les écheveaux, — et un peu partout les voûtes humides des faiseurs de chechias, qui alignent comme des instruments de torture, les presses à vis puissante où ils mettent en forme le feutre des calottes, les blanches excellentes à Tunis, renommées, — les rouges, mauvaises à Tunis, parfaites à Zaghouan. Armés d'un chardon tenu comme une fleur, des ouvriers les peignent avec des gestes d'amateur.

A l'approche du maghreb, les relents de cuir travaillé et de chechias humides sont atténués par une odeur d'étable, de campagne, une odeur de poil et de lait : des troupeaux de chèvres qui remontent, encombrent certaines rues et vendent leur lait sur pattes. Pendant une heure ou deux, on entend courir dans les ruelles tristes le marchand de lait de vache, qui porte au ceinturon toutes ses mesures comme des étuis à cartouches, et crie d'une voix grêle : « *l'h'lib, l'h'lib*, le lait ! le lait ! »

*
* *

Lorsque le temps est humide et sombre, que par les regards de la voûte, les souks reçoivent une bruine qui rend les pavés glissants, fait des mares sur les dalles usées, la population tunisienne éteint ses couleurs et sa gaîté ; des gens maussades se mettent à l'abri dans les souks ; de grands diables, armés d'un parasol de coutil, enjambent les flaques et retombent maladroitement sous des jets de gouttières ; des marchands allument une chandelle, au fond de leur antre sans fenêtre. Les souliers des femmes, de maroquin bleu ciel ou de vernis orange, toujours mis en savate, sans chausser le talon, font des glissades dans la boue et s'échappent du pied; les voiles blancs détrempés leur donnent un air de paquets de linge qui reviendraient tout seuls du lavoir. Les gros seins des dames juives ballottent plus ostensiblement, appellent au secours les corsets. Beaucoup ont l'habitude de porter leurs mains à hauteur de la poitrine, — voile de pudeur, ou peut-être geste universellement instinctif dans l'espèce humaine aux femmes qui ont de gros seins, — et qui leur donne une allure de caniches « faisant le beau ». Mais les toutes petites juives, à peine nubiles, leur visage mat un peu rougi par les gouttes froides, des mèches frisées à l'eau échappées de leurs tempes, frétillant de la poitrine et de la croupe sous la jaquette blanche que la pluie a plaquée sur elles, passent dans les souks, les pieds nus sous la bride de leurs sabots de bain, vous frôlent de leurs mollets nus et potelés, troublantes, les juivettes, sous leur chemise humide, comme des femmes qui sortiraient du lit. Tous les marchands du Souk-aux-parfums, plus obscur que les autres, décrochent alors une chandelle de leur étalage, et l'allument au pied de leur burnous, de leurs jambes croisées. Les herbes folles ploient la tête dans les regards de la voûte: le joueur de luth, assis dans l'ombre, agace avec ses doigts les cordes, basses de ton ; les dévots ne parlent pas en se rendant à la mosquée Zitouna, dont le paravent bleu ciel posté devant l'entrée, est seul à retenir un peu de jour, à marquer dans le souk un reflet clair.

Hier un marchand de nougat-ministre (le tout blanc, celui qui a plus de pâte que d'amandes) m'en a offert pour deux carroubes. J'ai dit : non. Il a compris que je refusais par devoir, et s'est écrié : « Ah! tu fais le Ramadan, tu jeûnes comme nous, bien, c'est bien! » et m'a sauté au cou, m'a serré les mains, les larmes aux yeux. Je n'ai pas eu le courage de le détromper. A côté de lui, sur les marches du grand escalier de Djàma Zitouna, à ciel ouvert, un mendiant accroupi sur le pavé, et mouillé comme une éponge, chantait d'une voix très gaie, pour lui-même, et sur l'air de nos vêpres : « *Ia reubbi, ia aoulad hallal* » (O mon seigneur, ô enfants honnêtes, — ô mes braves gens). Ce plain-chant chrétien, entonné en arabe sous la pluie, était bien curieux. Décidément la faim et le Ramadan font chanter.

*
* *

Mohammed Ali m'a parlé, il y a quelques jours, d'une chanson appelée *Lettroungali*, mais il se refuse à me la dire, je ne sais pourquoi. Peut-être y a-t-il là un double sens que je ne comprends pas. J'ai demandé aussi à Bou Bekr; il se met à rire et ne veut pas. Comme la négresse à la botte d'or vient de s'asseoir dans son coin habituel, je lui demande de me chanter « Lettroungali » : elle ignore. C'est décourageant; je ne saurai jamais ce que c'est. Tout le monde se tait, les deux brodeurs travaillent, la négresse regarde devant elle avec un regard de bœuf. Je me penche vers Bou Bekr : « Dis-moi donc, qu'est-ce que c'est que cette *quahaba*... elle n'est pas jeune ni belle; est-ce qu'elle a du succès à Tunis? » — « Qui? elle, la négresse? » — « Oui... » Il écarquille les yeux : « Mais ce n'est pas une *quahaba*, c'est une femme honnête, une mère de famille qui vend des bijoux, *bent en nas*, fille du monde!... » — « Elle? *bent en nas*? » — « Mais oui, assurément. » — Quelle confusion ! Et moi qui lui racontais des histoires de corps de garde, et elle qui riait tant à les entendre et m'en narrait d'autres non moins crues ! Pauvre *bent en nas !*

Abd el Mesjid survenant alors, a entrepris de me donner un criterium pour distinguer les « filles du monde » de celles qui n'en sont pas : « Si les bandeaux noirs sont bien fermés sur les yeux, les sourcils cachés, si elle ne te lance pas de regards, c'est une femme honnête ; même quand elle n'aurait pas *l'eudjar* (cet ignoble auvent d'étoffe tendu à bout de bras devant la marche), il ne faut pas lui parler. Les autres, au contraire, ont des vêtements voyants, des *melhafas* roses, des chaussettes de soie bleue ou verte, des souliers orange ; leurs bandeaux sont mal fermés, et elles insistent en te regardant. » — « Eh bien, Abd el Mesjid, lui dis-je, viens nous promener dans la ville, tu m'apprendras mieux la distinction par des exemples. »

Nous partons. Nous n'avons pas fait deux cents pas, que nous recevons, lui et moi, un regard très significatif de deux beaux yeux lents et jeunes : chaussettes bleues, escarpins roses, l'œil dégagé des bandeaux, un jabot de couleur crême bouffant hors de la melhafa, une gentille frimousse qui minaude sous le crêpe noir. — « Ah ! celle-là par exemple, dis-je, on peut lui parler, comment dit-on poliment : *ia tofla?* — *ia benaïa*? (ô fille — ô jeune fille). — « Non, non, non, fait vivement Abd el Mesjid, *bent en nas*, celle-là, très honnête » — « Comment *bent en nas*? mais elle a tout contre elle, chaussettes, melhafa, regards ! » — « Ça ne fait rien, très honnête. » Cinq minutes apres, nous voyons s'avancer vers nous une massive et imposante dame, aux yeux sévères, aux pieds cachés sous de longs voiles et portant la tête droite. Abd el Mesjid lui décoche au passage un compliment : « Prends garde, lui dis-je, en le tirant par son burnous, si on te voyait... » — « Oh ! celle-là pas de danger, c'est une *quahba*. » — « Tu la connais donc ? » — « Non, mais rien que la vue !... » — Devant ces difficultés réitérées de diagnostic, je me suis trouvé moins coupable envers la négresse bijoutière. « Et chez vous, comment fait-on pour reconnaître ? demande Abd el Mesjid. » — « Oh ! chez nous, c'est encore plus difficile, toutes les femmes vous regardent et vous parlent, et ce n'est qu'à la longue, longue qu'on peut faire la distinction, encore on n'est jamais sûr... »

Nous étions revenus près de la rue des Selliers. Abd el Mesjid mit tout à coup la main sur la poignée d'une porte et me dit : « Entrons ! » — « Où ça ? chez qui ? » — « Entrons, je le connais, c'est la boutique de Mohammed Tahar... »

Un vieillard affable, l'œil intelligent, la figure maigre, se leva au milieu d'un cercle assis, et me tendit la main, quand Abd el Mesjid m'eut présenté ; nous n'en finissions pas de compliments, les miens accrochant un peu à certains mots mal prononcés. Tahar occupe dans la cité des fonctions officielles, tout en restant sellier de son état. Il est instruit, a reçu une bonne éducation musulmane ; aussi sa conversation est recherchée. Des rentiers tunisiens à face bourgeoise, qui vous offrent des prises dans des tabatières d'or ciselées, mettent en savantes chutes les plis de leurs burnous, et s'appuient sur une canne à pomme d'argent, se rangent sur les bancs de la boutique, beaucoup plus vaste que celle des souks couverts — une vraie boutique, avec une devanture à petits carreaux et une porte qui la sépare de la rue. Mais d'autres gens plus humbles de costume, même en burnous troués, viennent familièrement prendre place dans le cercle des riches, pour s'instruire aux conversations. Tahar accueille tout le monde d'un « bonjour » de tête ; on entre, on sort : il ne quitte pas ses comptes ou ses histoires. Autour de lui sur des planches, des housses de selle en cuir brodé, en cuir nu, des carcasses de selle à dossier tendu de parchemin, des étriers, des brides et des mors. Tahar ne travaille plus lui-même, il siège devant une planche basse, à proximité d'une armoire minuscule, meuble de poupée où il enferme des listes de chiffres et les plus précieuses des broderies commencées. Derrière lui, près de l'armoire, — qu'ils dépassent des épaules, se tient un secrétaire-comptable, gros garçon aux lèvres béantes, à l'œil rond, dont le turban est plus étroit que l'expansion des joues. Tahar, le fin Tahar à l'œil spirituel, à la bouche inépuisable de politesses, à la barbe égalisée en pointe, l'écrase de toute sa supériorité d'homme du monde et de patron, et ne se gêne pas pour le gourmander tout haut.

J'ai admiré les selles et les housses. Tahar m'a dit : « Oui, il y en a quelques-unes de jolies, mais pas beaucoup. Le commerce ne va plus, on ne monte plus à cheval en Tunisie ; les voitures, les chemins de fer ont vaincu le cheval. Autrefois on allait à petites journées jusqu'à Gabès, on partait en troupe; les riches voulaient de belles selles dorées pour faire figure en route : aujourd'hui on monte en chemin de fer; les temps changent, la « machina » est venue.. Tout cela vient de Paris.... C'était bien beau l'Exposition, n'est-ce pas? Et on dit qu'il y a une tour en fer, haute, haute. » — Il m'a bien fallu décrire l'énervante machine à soulever les badauds jusqu'à trois cents mètres. Le cercle écoute, recueilli; de petites prises circulent, les mentons s'appuient sur les cannes. Mais Tahar, quoique paraissant très intéressé par la tour de fer, m'oppose tout à coup une autre tour dont parlent « les livres » :... « La hauteur, dit-il, je ne sais pas, mais elle était large comme cinq journées de voyage sur mer. » — « Comme le Soudan, fait un pauvre homme dans un coin. » — « Mais non, le Soudan est plus large. » — « Mais si, cinq journées... » — « Enfin les hommes et les esprits voulaient atteindre le paradis... » — « Babil, murmuré-je timidement, la tour de Babil? » — « Oui, Babil, c'est cela, tu connais. Ah, il sait! » exclama le cercle en me flattant. — « Mais les hommes et les esprits, continua Tahar, se disputèrent et elle fut abandonnée, elle touchait déjà le ciel... » —

« Oh! fis-je. » — « Dans le temps, loin, loin, » explique Tahar, pour excuser cette hauteur qui dépassait d'un seul coup les 300 mètres. Alors un des rentiers qui se tenait tout oreille à l'histoire de Tahar, a mis la conversation sur les merveilles du monde, les créatures très grandes et très petites, et m'a demandé ce que je pensais des nains exhibés depuis quelques jours dans l'Avenue de France. — « Les Liboutianes (Lilliputiens) rectifie Tahar, sont-ce des enfants ou des grandes personnes?..... » — « Ce sont des hommes véritables! s'écrie un convaincu. Le mari est officier, il a un sabre, il parle très bien et tend la main; sa femme salue avec politesse et a des mains de nouveau-né. Il a de la barbe. » — « De la barbe! exclament ceux qui ne l'ont pas vu, oh? » — « Oui, oui. » — « Et, me demande quelqu'un en confidence, est-ce qu'ils font des enfants? Est-ce qu'ils peuvent... comme tout le monde? » — « Dame, moi je ne sais pas. » Tahar affirme qu'il a connu un nain à Tunis qui avait deux enfants, mais il était moins « *rquiq* », moins fluet que les Liboutianes : « ... Et on raconte... dans les livres, continue-t-il, qu'avant la venue de Sidna Aïssa, deux époux eurent un enfant tout petit, de la grosseur d'une poule. Celui-ci, à son tour, se maria et engendra un enfant plus petit encore, dont la taille était celle d'un moineau. Or un jour, il entra dans la mer, prit un poisson avec sa main et le mangea : aussitôt il devint si grand que sa tête se perdit dans le ciel... »

Après tout, ces interrogations naïves ne dénotent que de l'ignorance et des illusions, non de la bêtise. Je les préfère à ce dialogue entendu un soir entre un loustic et un soldat devant le portrait des deux Lilliputiens : « Qu'est-ce que c'est que ça, des Lilliputiens ? C'est comme des nains ? » — « Oh ! non, les nains, c'est en largeur, tandis qu'eux, c'est tout petit de partout. Du reste le nom le dit : tu as bien vu travailler des *puces* ?... eh bien, *Lilliputiens*, c'est la même chose !... »

Tahar que j'excitais à nous conter d'autres histoires, regarde sa montre, se lève tout à coup, s'excuse et me serre la main : il lui faut aller à la prière. Abd el Mesjid se décide aussi à l'accompagner. Je m'en suis allé de mon côté par la rue Zouaoui, voir le soleil se coucher derrière les molles collines, en dehors de la porte Sidi abd allah.

Dans un sentier étroit, au bord d'une carrière à pic, j'ai rencontré un arabe assis ; nous avons causé : « D'où toi ? » — « De Paris. » Il a arraché une poignée de seigle : « A Paris, est-ce qu'il y a de l'herbe comme celle-là? » — « Peuh! oui, un peu.., mais elle pousse moins bien (d'autres Arabes m'ont déjà fait cette question. Peut-être que Paris étant l'enfer, ils veulent savoir s'il y pousse autre chose que du feu). — « Paris, c'est plus grand que Tunis? » — « Oh! oui! » — « Combien de fois ? » — « Vingt fois, trente fois. » — « Ah! c'est plus grand que Stamboul alors, car Stamboul c'est grand comme cinq fois Tunis... Connais-tu le sultan de Stamboul? » — « Non. » — « Il a la barbe jaune (blonde) comme toi. » — « Plût à Dieu que je fusse le sultan de Stamboul! » — Cette plaisanterie lui a paru absolument délicieuse, car il m'a tendu une large pattée de main, et s'est mis à rire à franc cœur, en redescendant la colline. J'entendais encore, dans le bas, des accès de gros rire. Ah! les bonnes gens, formés par la religion dans un rêve d'enfant, loin de l'expérience de la vie, dressés à la bienveillance, à la sincérité, à l'amitié toujours prête, au rire sans calcul, bientôt hélas, ils disparaîtront comme chez nous : l'éducation des « civilisés, » qui rongent déjà leur ville par le bas, les aura gagnés.

∴

De la Marsa, le Bey vient tous les jours à Tunis en temps de Ramadan, — le samedi seulement dans les mois ordinaires, ceux de *ftour*. Vers onze heures du matin, les Tunisiens de Tunis et ceux de la province, venus à la Mahakma pour entendre juger leurs procès, sortent quand l'audience est finie, et restent à causer alentour en attendant la sortie du Bey.

Cette place de la Quasba encadrée, au nord, d'un nouveau palais municipal — style arabe sans fantaisie, rendu géométrique par nos architectes — est occupée, en son milieu, par un jardinet que surélève un soubassement de pierre. Là viennent s'asseoir les plaideurs qui attendent, les désœuvrés, des vieilles fatiguées des rues montantes, des mendiants espérant aubaine de cette foule, des enfants qui se roulent et se lutinent au soleil de printemps. Des femmes jeunes et vieilles, honnêtes ou non, curieuses de voir le Bey, vont se grouper sur un étroit perron qui domine la place en pente, et duquel s'élance un très beau palmier unique, isolé entre les maisons. Bientôt l'escorte de cavalerie tunisienne arrive ; les cavaliers descendent, rangent leurs chevaux autour du jardinet, et se répandent dans la foule pour causer. Les chevaux laissés là ne bougent pas, bêtes familières, quelques-unes fort belles, l'œil ardent ; les selles demi françaises, disparates ; les sabres peu uniformes ; soldats en veston maigre et terne, chechias qui ne brillent guère sur les fronts. Puis une berline traînée par six mules se place devant la porte du palais ; elle rappelle nos voitures de noce avec ses lanternes lourdes, désargentées, et ses gros filets de cuivre rouge. L'intérieur est tendu de drap marron — déjà la mode des couleurs civilisées ! — les mules harnachées à la française, mais le joli tour de cou en maillons de cuivre qu'elles ont gardé, donne un petit air d'apparat indépendant à ce luxe bourgeois. Le cocher beylical descend du siège et va se promener dans la foule. Elle s'accroît petit à petit, à mesure que l'heure approche, et se tasse vers la porte de la Mahakma ; les gens qui étaient assis au soleil se lèvent. Il n'y a plus que les mendiants qui restent assis, indifférents à tout : une vieille non estropiée, cul-de-jatte par habitude; un autre exposant au plein soleil son crâne chauve, truffé de grandes plaques noires; un autre encore, un agité aux mains désarticulées: il tient son crâne collé sur son épaule, le cou cassé; son toupet de cheveux noirs lui pend jusqu'aux pieds; il a l'air d'une hélice vivante, dresse et dévisse son cou, portant sa face dans le dos, puis le revisse en sens contraire; sa tête aussi grêle que son cou, — une orange qui achève de mûrir au soleil. Poussé par l'instinct qui rapproche les frères de race, le fou au torse nu dans un sac, erre autour d'eux, aboie, éclate de rire, flaire à droite et à gauche, en hyène qui cherche, et grelotte en se tenant les épaules avec ses mains: il a froid sur son dos couvert de déchirures saignantes. Tout à l'heure il a voulu entrer dans la voiture du Bey. Un officier, décoré de l'*Iftikhar*, s'approche et lui dit: « Non, non, il ne faut pas », bien doucement. Le fou tient toujours la poignée de la portière et ne veut pas lâcher L'officier reste là, tâche de le raisonner. Aucune bourrade; les soldats n'accourent même pas aider l'officier: ce caprice du fou est chose bien naturelle, inoffensive.

Cependant le cercle des curieux, quatre-vingts personnes peut-être, se resserre de plus en plus sur la sentinelle, qui les invite à faire de la place, lie conversation avec tout le monde, rit, interroge et répond. Pour quelques burnous propres et haïks blancs, combien de capuchons déchirés, de cabans de bure, de pieds nus sur des savates de paille, parmi ces spectateurs ! C'est égal, personne ne les rudoie; ils sont libres de frôler la voiture beylicale, d'encombrer la sortie, de se pencher pour voir et de parler haut : pas de cordon de troupes ; elles causent et jouent par derrière, les troupes ! Tout à coup un bruit de sabots résonne sous le vestibule à haute voûte ; le factionnaire se guinde, selon le genre de l'exercice français qu'on lui a dernièrement enseigné : mais voici un mulet qui sort en trottinant ; sur son dos, une double sacoche de cuir usé, brodé, bondé; le mulet tout seul se fraie un passage dans la foule et s'arrête contre un mur. Ces sacoches ont un air d importance qui intrigue... ; je m'approche, je soulève par un coin le rabat de cuir : ce sont des registres, des papiers. Au même moment une voix me dit par derrière, avec prévenance : « C'est défendu, il ne faut pas toucher. » C'est un soldat de l'escorte qui s'apprêtait à remonter à cheval, et me sourit.

Une autre sortie imposante vient de faire suite

à celle du mulet : un flot de fonctionnaires, de dignitaires, tous musulmans par le fez à long gland, mais européens d'allures, les uns demi-soldats, en tunique galonnée, les autres en redingote noire. Un affreux nègre à tête de cadavre, mufle luisant de bourreau sculpté dans de la houille, avec des mâchoires de chien cruel, par-dessus « noisette » et gilet blanc, écarte le monde d'un air arrogant; il porte un large *Iftikhar* en diamant sur sa poitrine, et un faux-col haut à la mode de Paris. De jeunes attachés ou hauts valets de ministère, plus parisiens de vêtement que nous-mêmes, agitent coquettement le gland de leur chechia et tourmentent une rose au bout de leurs doigts large-bagués. Enfin voilà le Bey: d'autres redingotes, des barbes grises soignées, des bras qui aident un vieillard, une portière qui se referme. Déjà monté? Personne n'a eu le temps de le voir, pas même la sentinelle du palais, qui se tient d'autant plus figée dans le « présentez arme » qu'elle a fait le mouvement trop tard. Aucun cri, aucune acclamation, si ce n'est le rire du fou qui glousse derrière la voiture.

Au plus vite les cavaliers de l'escorte, qui n'étaient pas tous à cheval, remontent et se reforment. Quatre beaux vieillards en burnous bleus rapés, à tête patriarcale et barbe blanche, viennent se placer devant les six mules, tenant debout sur leur selle arabe de vieux mousquetons à capsule. Les officiers du Bey, à figures hautaines et pourtant familiales, en tuniques longues, divisent la foule en lui parlant sans rudesse : *berra, balek, berra chouia* (en dehors, attention, un peu plus loin).

L'escorte ne s'aligne guère ; les quatre patriarches sont déjà loin devant : la berline officielle n'a pas encore démarré. Celles des ministres s'emplissent à leur tour et suivent ; mais au coin de la place, une s'arrête ; le cocher en caban chamarré d'or descend : l'attelage était mal harnaché ; il faut resserrer la sous-ventrière, — et le ministre attend sur les coussins, les doigts sur son yatagan courbe, bijou de décapitation à poignée si étroite, si menue, à lame si large... Enfin il part aussi, le ministre, et comme les lanternes ne servent à rien pendant le jour, quelqu'un, le cocher sans doute, a eu la charmante idée de les remplir de roses, épanouies, effeuillées, en boutons, qui promènent une lueur rose embaumée. Il y a pourtant encore une voiture arrêtée sur la place : le plus beau des jeunes attachés, celui que les curieux admiraient, est monté dans ce fiacre et se dispute avec le cocher, un Italien à nez vineux, à toupet fanfaron hors du chapeau : « *Tlèta frank,* crie l'Italien, trois francs? » Le jeune attaché, en gilet blanc, gesticule et proteste, avec sa rose à la main. « *Tlèta frank, tlètafrank,* » hurle l'Italien d'une voix d'injure. Le jeune attaché descend avec sa rose et s'éloigne à pied, tandis que le cocher, cognant son chapeau sur son toupet, montre le poing à l'attaché et vocifère tous les jurons que possèdent l'Italie, la Sicile et la Sardaigne réunies.

Les dernières à s'en aller, bien à regret, ce sont les femmes qui ont vu ce spectacle du haut du perron, groupées en ordre comme une classe de communiantes en voiles blancs. Les vieilles papotent d'une voix nasillarde ; les jeunes discutent sur le nom des personnages. On entend au passage des lambeaux de phrases comme ceux-ci : « Notre Bey vient tous les jours pour prier... » — « Ma chère, il prie sans cesse, notre Bey *(isolli daïm)* la nuit et le jour... » — «... Mais non, je vous affirme, le cousin de Si Aziz, ce n'est pas ce jeune homme qui voulait monter dans la *carroussa* (le fiacre)... » Elles s'éloignent par la rue des Selliers, en bâtonnant à la vieillarde sur leurs cannes souvent contournées de lignes peintes, et elles ne donnent rien à la mendiante qui, toujours à cet endroit, dans l'ombre large de la mosquée, demande « un petit pain », tout en se bourrant le nez de parcimonieuses prises de tabac.

Plusieurs fois je me suis trouvé à la gare italienne, au moment où le cortège du Bey y arrivait : les quatre vieillards en bleu, lancés dans un galop de fantasia, couraient en avant, se dépassaient ; puis les six mules lustrées, ferraillantes, traînant l'équipage désargenté ; puis les beaux officiers tunisiens, secs, basanés, un peu tristes ; enfin, l'escorte galopant au petit bonheur de l'alignement. Dans cette poussière, les galops s'arrêtaient subitement devant la gare ; un vieillard à face acariâtre et peu souveraine sortait de la voiture ; encore le bras de Si Aziz, ministre de la Plume, pour l'aider... ; à peine quelques têtes avancées par des curieux pour voir les personnages qui entrent sans façon au milieu des voyageurs et des valises ; un coup de sifflet, et bientôt après deux wagons que l'on peut voir filer sur la Marsa, emportant le Bey et ses ministres, au bord du lac, dans la plaine verte de moissons. Et on regrette tout bas, asservi aux brutalités de la démocratie, de ne pas pouvoir vivre à l'aise sous ce despotisme meilleur.

*
* *

J'ai demandé à mon ami Bou Bekr pourquoi le Bey venait tous les jours en Ramadan. Mohammed Ali m'a répondu vivement que « c'était pour prier, » Bou Bekr, « parce que, ne mangeant pas, il n'avait rien à faire de la journée ». — « Pour se distraire alors? pour passer le temps ? » — « Oui » (ce qui donnerait à croire que quand il ne mange pas, le Bey ne sait plus que faire. Etrange !) — « Est-ce que le Bey a beaucoup de femmes? » ai-je demandé. — « Oh ! beaucoup, beaucoup...» — « Cependant il est vieux, alors?... » — « *Ils* lui baisent la main ». — « Qui ça ? lui à elles ? » — « Non, *elles* lui baisent la main... » — « ... Toujours ? » — « Toujours... »

J'ai raconté aussi à Abd el Mesjid que j'avais soulevé un pan de la sacoche chargée sur le mulet : « Tu as regardé dedans? me dit-il avec effroi ? » — « Oui. » — « Mais c'est la *besace du gouvernement (khourdj el beylik)!* elle est pleine d'or et d'argent ; il n'y a que le Ministre de la Plume qui y touche ! » Il m'a pourtant bien semblé que ce portefeuille ministériel n'était rempli que de paperasses. Enfin il faut croire, puisque tous affirment... et me reprochent mon audace.

Un mendiant colossal, aux yeux charbonneux, vint tout à coup s'affaisser sur le rebord de l'échoppe, plus comédien, ou plus réellement épuisé que les autres. Il gémissait : « Sidi, siadi, monsieur, messieurs, bien pauvre, donnez-moi une carrouba. » Abd el Mesjid, encore exalté par ses convictions à propos de la besace beylicale, lui répondit sans le regarder, distraitement d'abord : « *Allah inoub.* » (Dieu y supplée). Le mendiant insistait. — « *Allah inoub!* » dit Abd el Mesjid en scandant avec force; puis, comme l'autre ne voulait pas lâcher prise : « *Al-lah i-noub! al-lah i-noub!* » (Dieu y sup-plé-ée) hurla-t-il avec une grimace de colère. Bien drôle cette parole de fraternité miséricordieuse, rugie à la face du pauvre! Comme il ne bougeait toujours pas, Abd el Mesjid lui a mis la main sur sa loque de turban : « Ta langue? » Le mendiant l'a tirée docilement. Abd el Mesjid a senti son haleine : « Tu ne fais pas le Ramadan? Tu manges! » L'autre protestait, avec ses yeux noircis : « Oh! non, monsieur, je ne mange pas, je jeûne..., par Dieu, monsieur. » Le jeune élégant sentit encore une fois son haleine, et d'un œil menaçant : « Hum? tu bois du vin! » — « Oh! non, monsieur, je témoigne par Dieu. » — « Tu mens? » — « Non, non monsieur. » — « Tiens! » Il lui a donné une carrouba (quatre centimes). L'autre a péniblement relevé son squelette à grands os et est parti en traînant dans le souk ses jambes molles.

∴

Il y a une autre Tunis plus spéciale, plus vide sur de grands espaces, mais qui donne pourtant sa note dans l'ensemble, tout au bout de cette Avenue de la Marine, qui a fait dire à un poète décadent :

Tunis
Figure un Nice
Dirigé vers la mer
Par une avenue,
Toute nue
Comme un désert.

C'est le port entouré de hangars, le port des felouques à joues vaseuses, à voiles gaies, qui naviguent entre Tunis et la Goulette. En temps ordinaire, ces diminutifs de quais sont plus actifs, les allées et venues des bateaux plus pressées, les criailleries des déchargeurs plus continues. Depuis le Ramadan, on n'en voit plus que quelques-uns dormant sur des ballots, sous des prélarts ; un seul nègre, pieds nus, sans chemise, en pantalon de cérémonie et redingote de fin drap noir (car la mode sinistre de la populace de Londres est vite acceptée par les nègres : les défroques à grande coupe du *high life* passant sur le dos des misérables) décharge les sacs de charbon d'un bateau. (Coiffé du fez, le nègre a l'air d'un singe affublé pour la parade ; habillé d'un veston, c'est un domestique ; avec les burnous blancs et le haïk, il commence à paraître un homme.) On n'entend pas d'autres bruits que le grincement d'un cordage sur une barque qui amarre, les heurts d'une quille halée sur la vase épaisse, et à certaines heures, plus loin, sous un hangar qui sert de marché aux grains, un duo singulier entre vendeurs et acheteurs qui comptent les sacs remplis : *aar-ba-ïne, khaàm-saïne* (quaà-ran-ante, cin-in quan-ante), exactement sur l'air des petits vendeurs d'eau du chœur final de *Carmen*. On ne voit plus, comme avant, les charretiers jouer à saute-mouton dans les pauses de leur travail ; les longues théories de sauteurs ne s'organisent plus, vers midi. A peine un ou deux de ces voituriers tunisiens, gracieux d'allures et la main fine, tenant leur fouet comme une tige fleurie, amènent leurs charrettes, si hautes sur roues qu'elles se renversent sens dessus dessous autour de leurs essieux pour vider leur charge. Seuls les douaniers font leur service ordinaire, bâillant et assoupis malgré eux.

L'un est devenu mon ami ; quand il m'aperçoit, il vient me saluer, et m'offre pour siège la peau de mouton sur laquelle il s'assied. Il s'appelle Hadj Ahmed, est maigre, nerveux, grave et triste. Il était plutôt né pour rêver que pour surveiller, car son regard est toujours perdu dans les lointains, vers la Goulette, sur le djebel Ressas. Malgré son pantalon d'uniforme et ses pieds chaussés, on devine le campagnard libre d'allures, le rebelle à devenir machine : il est distrait. La calotte de coton blanc, qu'on met sous la chechia rouge pour arrêter la sueur, dépasse sur son front en un liséré trop large, et lui donne un air d'homme en bonnet, de bourgeois coiffé à son aise. La voix est confidentielle, affectueuse, comme sacerdotale ; il est très pieux, a déjà fait le pèlerinage et économise pour aller à la Mecque une seconde fois, dès qu'il aura quitté le service du Bey — bientôt — et pourra retourner dans son pays, l'oued Sous, au Maroc. Nous sommes très bons amis depuis qu'il m'estime, et il m'estime depuis qu'il m'a vaincu — oui, vaincu, absolument mis en déroute sur le Coran :

Nous faisions, un jour, assaut de science coranique, moi assis sur la peau de mouton, lui sur une poutre, par déférence. C'était à qui réciterait, par cœur, le plus de sourates. Il m'attira, le traître ! (par une manœuvre de théologie que les Arabes aiment à faire) sur la sourate 112, *El akhlas* ou *touhid* (l'unité). « Tu la connais ? » — « Si je la connais ! dis-je. *Quoul houa allahou ahadoun, allahou essamadou, lam ialid oua lam ioulad....* » Il rayonnait : « Et tu comprends bien le sens de tous les mots ? » — « Mais oui, ... tiens : c'est lui le Dieu unique, le Dieu d'une seule pièce (indivisible) ... » — « Et après ? *lam ialid ?* — « *Lam ialid, oua lam ioulad ?* Il n'a pas enfanté et n'a pas été enfanté. ». — « Ah ! s'écria-t-il, eh bien ! pourquoi les pappas (curés) des Chrétiens disent-ils que Dieu a eu un fils, puisqu'il dit lui-même dans le Livre qu'il n'en a pas eu ?... »

— « Attends un peu, Ahmed, que j'aille te réveiller, moi ! » hurla une voix rageuse de brigadier de douane, qui, la pipe à la bouche, s'approchait. « Si tu mangeais dans le jour, tu ferais mieux ton service. ».

Hadj Ahmed se leva, courut jeter un coup d'œil sur deux barques de la Goulette qui s'efforçaient d'entrer dans le chenal, les mariniers ahanant sur de longues perches qui provoquaient des bulles lourdes dans la boue noire, comme des écrivains à longues plumes naviguant sur leur encrier. Puis il revint vers moi, la figure encore radieuse de son triomphe théologique : « *Lam ialid*, il n'a pas enfanté ! » — « Oui, oui, fis-je d'un air contrit, il n'y a pas à dire, c'est écrit en toutes lettres, les *pappas* ignorent cela : *lam ialid oua lam ioulad.* » A ce moment-là, je suis sûr qu'il espéra, en son cœur naïf, ma conversion pour le lendemain, et il dut en être fier toute sa journée de faction, le pauvre douanier asservi au long du canal de vase : il convertissait un infidèle, lui, bientôt pèlerin pour la seconde fois !

Depuis ce jour, je viens causer avec Hadj Ahmed de temps en temps. Il prépare en imagination son prochain voyage à la Mecque, dès que le Ramadan sera fini. Tel un enfant rêve tout haut de libération, de vacances : « Quinze jours environ sur le *babor* pour aller à Djedda, 1 jour 1/2 à cheval ou à chameau, de Djedda à la Mecque. De Mekka, si tu veux aller à Médine, 8 à 10 jours. » — « Et Bedr Honeïn? demandé-je » — « Eiouah! tu connais Bedr Honeïn? » Il ouvre des yeux souriants, ravis, module *eiouah* sur un ton de surprise flattée.... Pour la vingtième fois, il me fait le compte de ce que lui coûtera son voyage de retour au Maroc : en tout, pour aller de Tunis à Malte, de Malte à Tanger, de Tanger à Fez et à l'oued Sous à cheval, — 50 fr. ; la moitié de la Méditerranée, tout le Maroc traversés pour ce prix-là — ce n'est pas cher ! Ses gestes sont polis comme toute sa personne, et expressifs comme ceux des sauvages. Pour dire « beaucoup, bon, riche », sa main droite soupèse l'air à petits coups, comme soulevant une plume; il sifflote en même temps, *Mennha, mennha*, par là, par là, et sa main, en couteau, fend l'air dans la direction. Depuis que je lui ai demandé de me donner la situation exacte des deux villes jumelles, Slà-Rbat, sur la côte marocaine, il revient souvent sur cette explication, dans les mêmes termes, pour se bien préciser à lui-même : « Ici, Slà; rien que des musulmans, dit-il avec orgueil, pas un seul chrétien, ni juif; là, Rbât, où tu trouves de tout, comme à Tunis, des consuls, des juifs, des chrétiens;... entre elles deux (*binathoum*), le fleuve, pas de pont sur lui, des barques seulement. A Marrakech non plus, il n'y a pas de chrétiens, mais il y a des juifs. Ah ! bien différents d'ici ! Les juives ne peuvent pas sortir de leur quartier dont les portes, la nuit, sont barrées avec des chaînes; les musulmans mâles peuvent seuls y entrer, les musulmanes, non : une sentinelle à la porte les en empêche. A Fas, Meknès, Marrakech, on ne laisse les juifs sortir de leur quartier que pieds nus.... » Il me dit tout cela pour se faire une comparaison rassurante devant les familles juives qui, près de nous, s'embarquent sur les felouques pour la Goulette, juives mamelues, chatoyantes de soieries, la tête haut-appointée d'un hennin à carapace d'or d'où pendent des voiles. — « Non, ce n'est pas à Marrakech qu'elles se promèneraient comme cela !.. Et dans le Maroc tout entier, quand un homme a bu l'eau-de-vie des juifs, qu'il est ivre, sais-tu ?... eh ! bien, on le jette en prison et on lui met des chaînes. » — « Pour longtemps ? » — « Jusqu'à ce qu'on *pense* à le faire sortir. »

A mesure que les souvenirs de son pays se lèvent et se colorent, l'œil d'Hadj Ahmed sourit à une vision absolument belle, supérieure à tout ce qu'on voit à Tunis : les bandeaux noirs de figure des femmes d'ici, peuh ! ce n'est pas beau ; les voiles blancs des Marocaines, des Algériennes, à la bonne heure ! Et ce Bey qu'il doit servir encore quelques semaines, pauvre petit sultan à côté du sultan de Fas, « qui a des bêtes de toutes sortes dans ses jardins, pour se distraire ».

J'essaie de le faire parler sur l'oued Sous et les environs de Marrakech, — sur son village, mais alors il répond avec une grande réserve, soit crainte d'orgueil, de nommer un village trop obscur, soit peur de révéler les secrets de l'oued Sous et le nid de sa famille. Chose curieuse, le Sahara dont il est voisin, il le regarde comme une région inhabitable pour lui Il faut être d'une race spéciale pour y vivre. « Les gens du Sahara, dit-il, sont forts, ils ont le ventre petit, le visage sec mais bon (ou beau). Une race de chevaux et de chameaux vit dans le Sahara avec ces hommes, et elle a, comme eux, le ventre petit; elle boit et mange peu. Nous autres, nous mourons dans le Sahara. » — « Toi aussi? » — « Oui. »

Hadj Ahmed a dû faire connaître à un autre douanier, marocain comme lui, ma science coranique, car l'autre — un garde national ventru, insouciant et poli avec timidité — me salue de très loin, et je l'ai entendu, un jour, dire de moi dans un groupe de raccommodeurs de filets : « Le voilà, c'est le savant, il connaît les livres comme un jurisconsulte (*fequih*), il a lu et écrit dans les écoles des mosquées... »

*
* *

Bou Bekr m'a demandé hier, quand je suis arrivé : — « Où sont les Chinois (les *Chenoua*), en France? » — « Oh! non, Bou Bekr, il y en a en France, mais ils sont plutôt en Chine. » — « Et la Chine, où est-ce? » — « Il faut que tu navigues vers l'est, toujours, comme pour aller à Stamboul, mais beaucoup plus loin... » — « C'est plus loin que

Kara Daniz, alors? » — « Qu'est-ce que c'est *Kara Daniz*? » — « Tu ne connais pas? » — « Non ». Il se met à rire et à me faire honte. « Et la mer Blanche? » — « Non plus, pas encore.... » A mon tour d'être complètement désorienté. « Mais pour venir à la Goulette, reprend-il, il faut bien que tu navigues sur la mer Blanche, puisqu'elle s'étend de Tunis à Smyrne et à Stamboul ». — «Ah alors! oui; mais il y en a une autre, Bou Bekr, dans le pays des Russes. » — Il fait la moue et dit : « Ce n'est pas la vraie; la mer Blanche va de Tunis à Stamboul. Et Kara Daniz? Bahar Lesouit? Bahar el Akahal (la mer Noire)? » — « La mer Noire, oui, je connais » — « Ah! » Et je comprends très bien pourquoi Bou Bekr ne rougit point de son ignorance, en me demandant si les Chinois sont en France, puisqu'il constate que je ne connais pas cette mer Blanche, après l'avoir traversée, non plus que Kara Daniz, le nom usuel d'une mer si proche de Stamboul. Nos sciences ne s'accordent pas, voilà tout. Il est persuadé que je manque de fonds et qu'il ne faut pas me pousser sur la géographie.

« Et comment sont-ils, les Chinois? » dit-il encore. — « Ils ont la peau jaune, des yeux petits comme les amandes, une natte de cheveux qui leur pend dans le dos, comme la queue du bœuf. » — Ils se mettent, Mohammed et lui, à rire et à douter : — « Comme la queue du bœuf? » — « Oui. » — Un silence : « Et toi, reprend Bou Bekr, pourquoi portes-tu les cheveux longs, comme eux ? quoi de beau là-dedans ? » — « C'est la coutume,.... ça tient chaud,.... c'est plus joli,.... un homme fort doit avoir des cheveux..... » — « Non, non, tu te trompes, ce n'est pas bon, les cheveux boivent le sang (*ichrobou ed dem*). » Tous ceux qui nous écoutent, approuvent : cela boit le sang.

Je cite alors Samson et sa chevelure, m'appuyant sur l'autorité « des livres ». Mais Mohammed Ali me fait échec d'une autre histoire — non moins tirée des livres, — d'après laquelle un homme, ayant laissé pousser ses cheveux, était devenu grêle comme une paille, mais sitôt qu'il eut coupé ces.... ivrognes de son sang, il recouvra sa force et son embonpoint.

— « Tiens, tiens, est-ce que c'est un Russe de la mer Blanche, celui-là ? me dit soudain Bou Bekr qui poursuivait des rêveries géographiques. Tu vois ce petit garçon-là, qui passe, — son grand-père était un Russe, un « Moskou », il s'est mis soldat du Bey, mamelouk, s'est fait musulman ; son père va aux mosquées, comme nous tous. » — « Bon musulman? » — « Ou uuh! fait Mohammed Ali, excellent! il prie, il lit le Coran! »

Bien joli enfant que ce petit fils de mamelouk. D'une carnation étrange: des joues rougissantes de fillette du Nord, sur le fond mat de la peau tunisienne, avec des yeux langoureux d'oriental, des yeux attentifs avant l'éclat du sourire, — et un bas de figure plus énergique. Des grains de beauté piquaient ses joues; l'ensemble rappelait le portrait de l'acteur Jelyotte qui est au Louvre, mélange trouble d'un menton rasé et de joues fardées sous les mouches.

*
* *

Depuis quelques semaines passe tous les jours, au Souk el Birka, un petit personnage frétillant, menu, aux gestes tatillons, à la marche trottinante, dont la figure fripée, l'œil malicieux, la peau tannée sous sa calotte rouge, sont à tout propos secoués de rires excessifs qui découvrent des dents trop belles pour son âge (il a une soixantaine d'années) et semblent un râtelier artificiel. Il est habillé de bleu doux ; sous son bras, toujours un gros parapluie de coton. C'est Ali, le valet de confiance du Bey, — s'il faut en croire Bou Bekr, qui m'a dit d'une voix de mystère : « Il se tient toujours aux côtés du Bey, toujours... » Pourtant on le rencontre dans tous les coins de la ville, se promenant avec son parapluie. Il traverse les souks en lançant à droite, à gauche, des saluts rieurs, agaçants, familiers, un peu protecteurs, — il a conscience de son rang : *Khedim el Baï*, serviteur du Bey ! Sa préoccupation constante paraît être de faire des farces, et surtout d'imiter le jappement du petit chien. L'autre jour, sur la place de la Quasba, quand le Bey fut parti, il s'approchait des groupes et aboyait si brusquement dans le dos des calmes burnous que tous tressaillaient. Personne ne se fâche : on le connaît. Aujourd'hui, dans le Souk el Birka, un petit garçon vendeur d'oranges allait, d'échoppe en échoppe, avec un plateau en équilibre sur sa tête. L'enfant venait de s'accroupir pour présenter, au choix d'un marchand de coffrets, le dessus de son plateau. Ali est arrivé par derrière, a glissé sa main sous le burnous du petit, avec un aboiement si aigre, que l'enfant, se débattant comme si le diable lui avait mordu les cuisses, a renversé toutes ses oranges dans le ruisseau et est allé s'écrouler lui-même sur la tête du marchand de coffres.

Le vendeur d'oranges, furieux, était prêt à frapper ; mais quand il a vu le valet du Bey qui se tordait de rire, il a été figé par le respect, a ramassé ses oranges une à une, sans oser dire un mot.

Ali venait de partir, lorsque le tailleur d'en face, — un brave homme à figure paterne, vous regardant par-dessus ses lunettes ; un arriéré coiffé encore du turban noir, jadis imposé aux juifs — s'est mis à chercher dans tous les coins de sa boutique : il ne trouvait plus ses *sabbatt* pour mettre le pied dans la rue... Sous la natte, sous la table, dans les tiroirs, chez les voisins, rien, — pas de souliers. Le juif, en chaussettes blanches, prisonnier sur son tapis, gémissait, soupçonnait les passants, serrait les poings avec colère. Abd el Mesjid est arrivé à temps pour lui rire au nez, l'exaspérer en l'appelant *djouif.* Le vieux n'osait pas s'élancer du rebord de sa boutique, et le foudroyait à distance, de son regard à lunettes. Bou Bekr, toujours plus sage, — et d'autres musulmans aussi, cherchaient complaisamment les *sabbatt* du juif. Je ne sais comment j'eus l'idée de traduire à Bou Bekr, en montrant le taquin Abd el Mesjid, notre expression vulgaire : « Il a une araignée dans le plafond », *andhou retila fi rasshou.* Bou Bekr pleura de rire ; Mohammed Ali fit passer le mot à la boutique voisine ; tous les gens du souk se le transmirent : ce fut bientôt un éclat de rire général, des appels : « As-tu une araignée, toi ? » Le « djouif » crut la plaisanterie dirigée contre lui, et de plus en plus furieux, bondit en chaussettes sur le pavé sale, jurant et tonnant, et s'en alla chez lui chercher d'autres sabbatt. Huit jours après, j'entendais, dans un autre souk très éloigné, quelqu'un dire : « *Houa mahboul, andhou retila fi rasshou,* il est fou, il a une araignée... » Si jamais un savant, collecteur de sentences arabes, vient faire à Tunis sa moisson, il ne manquera pas de noter comme indigène ce dicton que j'y ai semé.

Une heure après, Ali a sournoisement rapporté les sabbatt du juif, qu'il avait cachées par plaisanterie.

*
* *

Quand le temps est triste, la boutique sombre, Bou Bekr a son œil faible malade ; il ne travaille pas, va au bain, revient, se renverse sur sa chaise, dit son chapelet. Il en a un à grains noirs, gros comme des billes, les trente-trois grains sur lesquels on dit « *soubhan Allah* » (gloire à Dieu), plus la petite queue qui remplace notre croix chrétienne. Et ce chapelet vient..... de Tunis? fi donc! de Stamboul?... non : — de la Mecque, de la *Chambre* même de Dieu! Il est fait d'une pâte d'ambre, de musc et de *bois de la lune* « qui croît dans l'Inde, et n'exhale bien son odeur que la nuit; la clarté le gêne ». En effet la moiteur des mains lui fait répandre un parfum très suave.

Par ces jours d'ennui, les marchands ne savent que faire ; ils comparent leurs bagues, leurs chapelets. Abd el Mesjid en a tiré un de sa poche, sorte de celluloïd imitant le corail. — « Ce n'est pas bon, dit Mohammed Ali ; si tu y mets le feu, ça flambe comme du papier et disparait dans ta main. » Abd el Mesjid, étonné, se dégoûte subitement de son chapelet, et appelle un homme qu'il aperçoit dans le souk, — cheval de marché ou entremetteur de ventes, à l'air effronté, qui parle un peu français, et prononce « Je suis courtier de commerce » en se redressant, comme il dirait : « Je suis magistrat. » — « Prends mon chapelet, lui dit Abd el Mesjid, va le vendre, essaie... » L'autre s'éloigne.

Souffrant, dégoûté plus qu'à l'ordinaire, le jeune brodeur fait main basse sur tous les coussins, pour caler son dos. Il vient de prendre mon mouchoir dans sa main, l'examine avec soin par les ourlets, froisse la toile dans ses doigts, en regarde la transparence, les fils, la trame : « C'est du bon linge, dit-il, solide, bien blanc, combien l'as-tu payé ? » — Je réponds que je n'en sais rien, c'est ma mère qui l'a acheté... Mon ignorance en lingerie paraît l'étonner beaucoup ; il trouve, lui aussi, mon éducation incomplète. Car tous les jeunes Arabes, même riches et élégants, *savent* acheter ; Ils ont un instinct de bonne femme de ménage que nul ne peut tromper, qui discerne parfaitement « pur fil » de « fil et coton ».

Le courtier de commerce est revenu avec le

chapelet qu'il n'avait pu vendre, ramenant même un autre proposeur ambulant qui offrait aussi deux chapelets. Il s'en fait un assez grand trafic dans le mois de Ramadan, ventes, reventes et échanges, soit pour réaliser un bénéfice, soit que les voluptueux dévots se fatiguent de prier toujours sur les mêmes grains, — négoce autant que distraction et caprice.

Le nouveau venu, voyant qu'on n'achetait pas, s'est assis et a bavardé avec Mohammed Ali. « Ancien soldat de Mascara » (sans doute d'Abd el Kader); c'est ainsi qu'il s'annonce. Il parle un peu le turc, a une curieuse figure de pitre basané, — la caricature d'un vieux général qui aurait des tics sous ses balafres, avec des yeux écarquillés, des yeux de convulsionnaire. Il raconte une histoire en la ponctuant de petits *prut*, *prut*, du bout des lèvres, et tellement vite que l'on comprend à peine sa conversation décousue :

« Le tabac, en turc, ça s'appelle *touloune*... et le gros bout d'ambre des pipes, *carabane*,... tiens, quand on frotte l'ambre, tu vois les petits papiers... ils courent....., et une couleuvrine, comme il y en avait à Mascara, — au Bardo, il y en a aussi, sais-tu comment cela s'appelle? *djeurdjbane*, en arabe, pas en turc,.... mais pour vaincre, les canons ne valent pas les chevaux,.... une bonne cavalerie, ah! à la bonne heure!.... Sais-tu monter à cheval comme les Arabes, sur les selles à grand pommeau? Ah! la *fourousia* est difficile (l'art de l'équitation, la haute école), très difficile!... tu montes en selle, *prut*, tu galopes, tu t'arrêtes, *prut*, le pommeau t'entre dans l'estomac, *prut*, tu meurs et tu tombes.... voilà l'équitation arabe.... Dis-moi, est-ce que tu crois qu'il est mort, Sidna Aïssa? (N.-S. Jésus) Est-il mort ou non, voyons, dis-moi? » Tous les autres avaient levé la tête, à cette question sérieuse, et attendaient de mon embarras. — « Mais oui, dis-je, Sidna Aïssa est mort, il y a longtemps. » — « Il est mort? bien mort? » Tous les yeux fixés, directs sur moi, ne perdaient pas un signe de ma physionomie. — « Il est mort, répété-je, il y a dix-huit siècles. » — « Eh bien, s'il avait été Dieu, comme disent les Chrétiens, il ne serait pas mort, car Dieu ne meurt pas... hein? Allons, au revoir, adieu. » Il se mit à rire en vainqueur, — une bonne poignée de main, — et s'en alla...

Mohammed Ali, à son tour, s'en fut vaguer par les souks. Il revint vers trois heures, ramenant son plus jeune fils, Abd el Kerim, un enfant de quatre ans, qui veut à toute force uriner contre les magnifiques selles brodées d'or, et finit par s'endormir sur le tapis, devant son père, les joues empourprées d'un lourd sommeil, dans une posture d'amour à tête rase.

Mohammed a racheté une boîte de thon; avec sa monnaie, on lui a rendu un billet de 50 fr. Il le tourne en tous sens, et trouve dans les vignettes des ressemblances avec les allégories de l'autre jour, cherche où « les savants » et quels « les négociants ». Les chiffres de série surtout l'intriguent : « Qu'est-ce que cela veut dire? » — Obligé de répondre que je n'en sais rien : « Le gouvernement seul doit savoir.... » — « Et celui-là, 40? » — « Eh bien, c'est un chiffre, comme les autres,.... c'est le même que le numéro de ta boutique dans le souk..... » — « Numéro de la boutique? demande discrètement Bou Bekr, où ça? lequel? »

— « Là, Bou-Bekr, au-dessus, 40, la petite plaque bleue... » — « Mais non... je ne connais pas... pourquoi faire? » — « Là... tiens... » Bou-Bekr a enfilé ses pieds dans ses sabbatt, s'est éloigné de quelques pas de la devanture, pour « comprendre » ce *numrou* 40 scellé au mur! — Elégant Abou-Bekr, comme vous étiez grand et patriarcal, partant ainsi à la découverte du « petit bleu » qui, depuis quatre ans au moins, classe votre échoppe à son rang dans le souk !

*
* *

Dans ce dédale de rues blanches, tristes et tournantes, qui est Tunis, certains carrefours où le petit commerce débite au populaire, ont des façades plus accueillantes, tendent leurs étalages aux passants. Deux points surtout : l'un au pied de la mosquée Djezira, l'autre en haut de Bab Souika.

Quand le moghreb approche, des pâtissiers tunisiens se groupent autour de Djàma Djezira et dans la rue des Teinturiers, ruelle échevelée par des laines oranges et bleues qui sèchent, en travers, sur des cordes. Les enfants guettent de l'œil ces gâteaux si clinquants dessus, si lourds en dessous : les *tmeur ou djouz* (datte et noix), petites tulipes de dattes écartelées, enserrant des noix ; les *mekhrout*, lamelles de gâteau de Savoie retrempées dans le sucre ; les *zelabiia*, sorte de croûtes au miel ; les *raïba*, cônes de raisins secs (affreux mortier !) ;

— les *madjoun es sdeur* (confiture de poitrine), pâte pectorale de noisettes, figues et mélasse; le nougat enfin, la friandise nationale, l'officielle « douceur » arabe, le nougat-ministre, *èl ouizir*, blanc comme du lait; un autre, moins blanc, le *djendjelali*, semé de petites graines « qui viennent de Turquie et donnent beaucoup de force », — lesquelles petites graines ont, quand on les croque, une odeur de gaz d'éclairage; sans compter les œufs pochés dans une crêpe, dont l'huile a tout le temps de refroidir !

Les vieilles femmes, ménagères à petit argent, vont et viennent avec des bols de lait ou des bribes de mouton saignant; la circulation se fait plus active; la corne des tramways, coulant sur leurs rails, met quelque précipitation parmi ce monde dolent, vêtu de blanc sale. A un des angles du carrefour, les bancs d'un café sont combles, depuis une heure déjà: foule d'ouvriers tunisiens, alignée malgré elle par l'ordre des bancs, et qui attend, les jambes croisées, sans fumer ni boire.

Ils ne se dérangeraient pas facilement, à moins pourtant qu'un accident ne se produisît, qui aurait de l'importance à leurs yeux, par exemple, une jarre d'huile qui se briserait : tous alors viendraient essuyer l'huile sur les pavés avec leurs doigts, heureux de cette aubaine. Les Arabes respectent l'huile ; c'est une denrée précieuse dont ils sont économes ; et ils lèchent les gouttes au bec des burettes transvasées.

Un soir, non loin de ce café, trois pauvres tunisiens rapiécés et hâves, attendaient le moghreb contre un mur. Tout à coup le canon résonne ; ils se mettent debout vivement et crient « Ah ! ah ! » Un Italien, coutelier ambulant, qui se trouvait là, leur crie d'un ton railleur et vulgaire : « *manggiar*, hein ? manger maintenant ! » Les pauvres hères, surpris en défaillance de tenue religieuse, ont aussitôt changé d'allures, se sont transfigurés, et regardant l'Italien du haut en bas, sans répondre, ils s'en sont allés, ayant recouvré la présence de leur orgueil musulman.

A la nuit, dans ce quartier retiré, ces rues infiniment longues, sans issues latérales, qui vont de Djâma Djezira à Bab el Fella, j'ai vu quelquefois des groupes d'enfants et d'hommes mûrs suivre avec persistance l'allumeur de gaz, pour assister, recueillis, au phénomène de la flamme qui jaillit.

L'autre petit marché populeux se trouve au nord de la ville, également sur le parcours d'un tramway qui monte la rue Bab es Souika (*Bab es Souika* veut dire : Porte du petit marché). C'est une placette carrée où aboutissent les rues Sidi Mahrez, du Foie, des Oulad Sidi ben Ziad, et la voie longue qui conduit à la place Halfaouine. En temps ordinaire, la placette de Souika, morne en son encadrement de boutiques branlantes, est réveillée par les criailleries de quelques marchands de pain arabe. Mais dans le mois de Ramadan, ces isolés font place à une file pressée de vendeurs, qui, à la nuit, proposent des pains, avec un vacarme assourdissant. Puis le carrefour peu à peu se dépeuple, les achats étant faits. Mais voilà que des quinquets fumeux s'allument, que des tréteaux de marchands de nougat, des poêles de fritureurs de beignets, s'installent sur le passage de la foule européenne, arabe et juive, qui, bientôt, dans une heure, viendra voir Quaraquous (Karageuz) et les « théâtres » italiens. Les simples mèches qui brûlent dans l'huile, au bord d'un vase, rabattent leur fumée noire sur l'huile qui frit et sur les nougats immaculés.

Enfin une montée se fait, entre huit et neuf heures,

du bas de la ville; les tramways cornent plus fréquemment et débarquent du monde; leurs somptueuses lanternes vertes écrasent les pauvres lueurs de chandelles qui végètent dans les petites boutiques. C'est l'heure où les badauds viennent « voir le Ramadan », car, ne pouvant entrer dans les mosquées, n'apercevant rien d'anormal nulle part, pendant le jour, ils seraient tentés de dire que « le Ramadan est une blague », si la place Halfaouine ne leur offrait quelque chose qui ressemble à une fête d'Europe, du bruit, des lampes de couleur, des balançoires et des guignols, surtout le grand, le cynique, l'inimitable Quaraquous, le polichinelle turc ! Là, au moins, ils retrouvent une vraie foule qui se rue, s'éponge et se bouscule, une cohue criarde, où les chapeaux « à l'artiste » des Italiens entrechoquent les chapeaux hauts de forme, les turbans de toute richesse, — et, s'il y avait là les plus jolies filles d'amour de la Tunis musulmane, ce serait une véritable et gaie fête : mais, par malheur, elles n'y sont pas, restent chez elles, et craignent la foule. Comme femmes, il n'y a que des chrétiennes, quelques-unes risquant leur chapeau à plumes, et beaucoup d'Italiennes, en fanchon à ramages....

— *Louguia, louguia!* C'est le cri d'un marchand de pépins blancs, dans une cahute de papier rose. — *Qualb louz, qualb louz!* (cœurs d'amandes): ainsi appelle un marchand de macarons tunisiens, assis, celui-là, dans une lueur verte. — *La diagriba, la diagriba!* chantonne, en fausset, un Espagnol, qui vous présente son éventaire de noisettes et de dragées. — *Lascari! lascari!* ânonne l'Italien enchifrené, vendeur de pâtes sucrées. — *Harenga, harenga,* le hareng! C'est pour ceux qui préfèrent les salaisons. — *Kakaouia, kakaouia* (des oranges rouges), *echrobou,* buvez-en! Un panier passe, juché sur un capuchon; la voix timide et triste continue à vous offrir « les belles oranges...; Buvez, buvez les belles oranges! » Mais soudain une annonce de gorge, une voix de coq, des gloussements qui se répètent: *Quaraquous, Quaraquous,* et entre deux chandelles brûlant devant une porte étroite, un escogriffe en turban, l'air simple, fait des gestes de paillasse maladroit pour vous dire d'entrer. Le rideau de calicot blanc qui cache l'intérieur s'écarte à tous moments; un mannequin paraît, mal drapé dans des chiffons et des jupes; sa tête, (un masque de deux sous placé sur un manche à balai,) cogne le plafond, quand il sautille, et dans son ventre, par un trou à respirer, se montre une jolie figure rose de premier communiant, celle de l'enfant qui l'agite.

Puis des théâtres italiens dans d'autres boutiques étroites; des chandelles brûlant encore près d'un fil qui soutient des familles de pantins; un Sicilien, beau parleur, qui allèche la foule: les Arabes l'écoutent, béants, tendus, sans comprendre.... Là, on se rassemble devant un rideau blanc soigneusement clos; des ombres bizarres y surgissent et se déplacent, nez énormes, turbans monstrueux, petits bras de femme dansant. La musette arabe chuinte, le tambourin résonne, les grelots: on rit, on entre. Mais tout à coup un animal fabuleux, cheval trainant des caparaçons de serge rouge, la tête figurée par un panier couvert d'une peau, s'est échappé d'une boutique; il rue et renâcle; des deux enfants qui l'animent sous l'osier, l'un tombe, l'autre reste debout; l'arrière-train s'affaisse; succès immense! on éclate de rire.... Et à côté, le triste marchand de *louguia*, avec sa voix plaintive, a l'air d'un malade sous la lumière de son transparent; aucun souffle n'agite sa bougie dans la nuit tiède; aucun acheteur ne vient.

Il n'y a guère que les gens de la campagne, les

enfants et les Européens venus « pour voir », qui entrent dans les guignols; les musulmans sérieux se rassemblent sur des nattes, dans les petites boutiques des barbiers, très éclairées, garnies de miroirs à l'intérieur, décorées en dehors de balustres, de panneaux sculptés, peintes en bleu ciel avec des bouquets exubérants. Là sommeillent, étalés tout du long, ceux qui préfèrent les aises des boutiques sans clientèle, — ou bien se serrent, s'étouffent sous les lumières, ceux qui aiment mieux causer, en fumant des cigarettes ou des pipes à *carabane*. De toutes, des coudes dépassent dans la rue par les portières, et il y en a tant, tant, de ces boutiques à fleurs, qu'on dirait une file de fiacres illuminés qui attendent le départ, et que les gens, nez à nez assis sur les banquettes, ont l'air ridicule, dupés par ces voitures qui n'ont pas de roues!

Déjà les cris, les trompettes, les tambourins sont dépassés; l'air calme vous revient à la figure. Encore une balançoire tunisienne, la *doua* ou *doura*[1] dans une étroite échoppe, et auprès, un nid de beaux enfants musulmans, très sages : ils at-

1. Je ne suis pas sûr du mot entendu : Peut-être *djoudja* pour *ardjoudja*.

tendent leur tour, montent dans les paniers articulés sur une roue qu'un homme pousse rai à rai, et ils tournent dans une extase silencieuse. A la porte, dans la pénombre, un rond d'enfants assis sur le pavé, chantent un cantique, en frappant dans leurs paumes.

Mais, sur la place Halfaouine, imposante, la nuit, par la haute colonnade de la Mosquée des Tobjia, des nattes épaisses sont étendues à terre, autour de plusieurs centres lumineux : énormes lanternes fichées sur une canne basse. Là viennent s'étendre et causer, sans trop de souci des Chrétiens curieux qui les examinent s'étendre, les bourgeois de Tunis à qui la fête entendue de loin suffit. Ils comptent sur le croissant de la lune, encore délié, les jours déjà finis du Ramadan. Parfois une bande de jeunes musulmans, se tenant par le bras, comme chez nous dans les rôderies d'étudiants, débouche sur la place Halfaouine, des rues à grandes ombres, à peine élueurées par le clair de lune ; mais bien loin de crier des obscénités, il chantent un cantique : « *Solli n'nebi, solli n'nebi* » (intercède pour le prophète, etc.), en marquant la cadence avec leurs pieds.

On goûterait la tranquillité parfaite sur cette

place, et l'on pourrait se figurer ce qu'était le Ramadan autrefois — avant que la civilisation ne l'eût vulgarisé, — comprendre, en un mot, le plaisir de ces hommes à se rassembler sous une belle nuit au ciel velouté, loin de l'alcool et des mangeailles, si déjà, hélas, un vendeur de pierre à rasoir et de benzine excellente n'y avait installé son tourniquet au pied d'un drapeau national. Si peu badauds à l'ordinaire pour un accident ou une dispute, les Arabes s'arrêtent devant ce disque tournant, et regardent avec une curiosité soutenue la cliquette qui fait gagner. Pauvres naïfs qui vous ébahissez devant le mystère, et regardez *sous* la table, quand, ayant mis dix fois deux carroubes, dans l'espoir d'un flacon de deux sous, vous n'avez rien obtenu, vous en verrez bien d'autres jeux de progrès où l'on ne gagne rien, lorsqu'on vous aura enseigné la langue de ce hâbleur qui presse son drapeau sur sa poitrine!

*
* *

Je suis entré dans la boutique où l'on dansait —

celle aux silhouettes drôlatiques sur le rideau blanc.

Six rangs de spectateurs étagés comme sur les gradins d'une serre, trois rangs adossés au mur de droite, autant à celui de gauche; au centre, un passage étroit où se trémousse une toute jeune danseuse. Le public se compose de gens du peuple de Tunis, quelques campagnards à turban de laine verte, deux ou trois bourgeois riches, deux ouvriers italiens et beaucoup d'enfants musulmans. La danseuse, une petite juive de quinze ans, les joues et les lèvres cachant déjà leur jeunesse sous des fards, l'œil chercheur d'équivoques, se démène, en jupon bleu ciel, avec ces gestes toujours pareils de la danse mauresque, qui tiennent de la coupe en nageant et des dégagements de l'escrime. Les mains banderollent des foulards qu'elle fait passer, à bras retournés, de sa poitrine à son dos. Elle est jolie, d'une impudeur froide, d'une sagesse que sa mimique ne peut dévergonder. Elle se balance devant chacun des assis du premier rang, approche ses yeux, sans mot dire, de leurs yeux. Certains regards se détournent avec gêne, d'autres se font voluptueux. Elle s'éloigne, revient encore sur les mêmes, cette fois se met à cheval sur un de leurs genoux et le bat entre ses cuisses, tout en suivant la mesure du tambourin et de la musette arabe. Et ainsi de l'un à l'autre, méthodiquement, elle retrousse son jupon bleu et les chevauche en cadence, les câline des demandes de ses yeux. L'argent s'apprête hors des porte monnaie; les Italiens et les Français donnent deux sous; les Arabes, l'œil enflammé, sortent de leurs nippes de la monnaie blanche.

Une fois que la récolte a été finie, un négrillon qui, jusque-là, grimaçait et servait aux assistants un verre d'eau miellée (auquel donnent droit les deux sous payés à l'entrée), s'est approché de la juive, et après quelques plaisanteries bien crues, qu'elle recevait en plein visage sans broncher, il s'est enroulé autour de la taille l'extrémité d'un long cache-nez gris; la danseuse s'est enroulée dans l'autre bout et ils se sont mis à piétiner en mesure, liés ainsi par le cache-nez, à distance Le jeune nègre, désarticulé des reins, du cou et des bras, se tortillait en singeant l'allure d'accouplement des chiens. La petite juive, donnant des coups de hanches, l'aspirait de loin, le humait, le fascinait de ses yeux, en galochant le menton vers lui. De temps en temps, ils s'enroulaient d'un tour de cache-nez. Quand ils se sont joints, le négrillon l'a assaillie de coups de reins, et continuant à quatre pattes ses désarticulations, a rejeté le cache-nez, s'est esquivé, frôlé complaisamment au passage par les mains d'un fumeur de kif, engourdi, les yeux exhilarés et les narines battantes. La musette arrêtée aussitôt, un juif aux yeux purulents, le père de la danseuse, est entré, a repris sa fille très obéissante, l'a emmenée par la main...

— « Tu t'en vas? m'a dit un des élégants tunisiens. Mais tu n'as pas vu le grand spectacle, *el feurdja kebira;* c'est le plus beau .. »

En effet, une boîte éclairée s'est ouverte dans le fond et un prestidigitateur en turban, les bras nus, a commencé quelques tours élémentaires, d'une pauvre attraction, — des plumes qui sortent d'un chapeau, une montre changée en pièce de cinq francs. Le silence était devenu profond, toutes les bouches bées devant cette magie. Soudain, une volée de boutons de roses est sortie du chapeau; la lumière s'est éteinte, et la petite juive, reparaissant, s'est élancée sur les roses, les a ramassées presque toutes, elle plus agile, et est allée les revendre à la porte, une seconde fois...

*
* *

Un peu plus loin, le montreur de Quaraquous continue ses cris de gorge ; il dédaigne, lui, musique et réclame, — si connu est Quaraquous ! si antique ! si peu oubliable par ceux qui ont la mémoire des rires ! Quaraquous, audacieux, à lui seul, comme toute une révolution, — vengeur de l'ennui imposé, comme tout un théâtre comique, cruel comme dix bourreaux, subtil comme un fantôme, rapide comme un coït d'oiseau, éloquent, satirique — et peut-être moral ! On a bien assez entendu vanter ses prouesses, dans les salons de la Tunis nouvelle, bien assez désiré de le voir... tout entier. Aussi on s'entasse dans la boutique longue, le boyau blanchi à la chaux, que des chandelles éclairent.

L'infatigable mannequin titube de la tête contre le plafond ; la sonnette bat dans son ventre d'étoffe : cela suffit à faire rire et attendre. Beaucoup d'enfants sur les gradins du haut ; ils font « tapisserie » contre le mur. Parfois une dame, en chapeau à la mode, entre et s'assied, audacieuse, au bras de son mari.... Enfin le fond s'éclaire, on assiste à l'allumage d'une lampe derrière le transparent huilé. Le voici bien clair ; une voix de polichinelle se fait entendre ; elle met le comique dans l'enchifrènement et ne parvient pas à être drôle ... Puis, une ombre, toute petite, armée... d'un sabre, comme d'une lame ; elle s'avance, grandit et discourt Un autre personnage paraît, si mal proportionné, lui aussi, qu'il est plutôt un sexe qu'un homme. Dispute entre eux; bataille: les deux massues se pénètrent, s'écrasent. L'un s'enfuit avec des cris de singe; l'autre, vainqueur, reste, mais il est assailli de nouveau par une ombre, enlacé, roulé, poursuivi, violé de toutes parts malgré ses explications, en courant, volant et sautant.... Et cette bataille de phallus qui se menacent, s'assomment et parlementent, doit être une invention de vieux jouisseur turc épuisé, battu et ruiné, la revanche de rage d'un hypocrite qui rompt ses grimaces, déchire ses culottes en place publique, pour tuer, rire et faire le chien à l'aise.

Cela dure dix minutes à peine, et cela suffit pour faire éclater une grosse joie dans cette boutique où l'on est serré épaule contre épaule. L'énorme gaîté résonne jusque dans la rue. Les hommes s'en vont, la rate absolument dilatée, — mais reprennent vite leur sérieux, dehors. Les enfants, le dos au mur, restent engourdis, les yeux caves, leurs jolies figures songeuses derrière un pan de burnous ramené sur la bouche, enfoncés dans des réflexions suggestives à leur inexpérience. Quant à la dame d'Europe, cramoisie de honte jusqu'au front, elle entraîne son mari et lui fait une scène de reproches, devant la lanterne rouge du « coummisar » qui brille quelques pas plus loin....

Il est dix heures. Le courant de la foule se fait en sens inverse. On redescend par Bab-Souika dans la Tunis chrétienne. Cette rue populeuse est déjà déserte et noire, à cette heure. Seules, les trompes à voix de corbeau des tramways la réveillent. Toutes les rues musulmanes sont silencieuses; des chats miaulent et bataillent sur les terrasses; on dirait des sentes de nécropole parmi des familles qui dorment. Et, dans la nuit battant des pulsations d'étoiles, montent les minarets. illuminés de petites lampes qui marquent l'emplacement des mosquées, toujours ouvertes en Ramadan, — comme le plan simple d'une ville de prière au-dessus du dédale des rues, comme l'emblème, maintenu à l'écart, de cette religion qui fait aux petites *quahab* cet air un peu bourru, leur défend de sortir le soir, et demain matin, de donner un seul baiser de plus à leur ami, quand l'aurore paraissant aura signalé le recommencement du jeûne. Ces humbles lueurs rougeoient, isolées, au haut des tours, laissant bruire les feux d'ostentation de la Tunis nouvelle, le gaz et les lustres des cafés, des hôtels, des alcazars.

*
* *

J'ai revu encore une fois — peut-être est-ce la dernière, el Hadj Ahmed, le douanier. Il compte les jours, rêvasse de plus en plus, se croyant déjà délivré de son uniforme, loin en mer, bien loin du lac boueux de Tunis. Il est exalté, distrait, léger, prêt aux expéditions. Son compatriote, le gros douanier, vient s'asseoir près de lui, les mains engrenées, tombantes de tristesse sur un genou. Il sent sa position pour la première fois de sa vie, et me l'explique sur un ton d'excuse: « Lui, Ahmed, il est libre, il n'est pas marié, il a fait des économies; mais moi, je me suis marié à Tunis,... la femme, les enfants... Quand pourrai-je retourner au Maroc? » Il regarde au loin, d'un œil prêt aux larmes, les montagnes de la Dakhela, la jolie sierra des monts de Zaghouan, qui se découpe en bleu brumeux sur le satin uni du ciel. El Hadj Ahmed, ascétique, les pommettes sèches, l'œil fiévreux, a la tête pleine d'itinéraires géographiques. Pour la centième fois, il me dessine, du bout de sa canne, la position de Slà-Rbat...: « Entre elles..., pas de pont .., une barque... »

Je lui ai demandé pour l'éprouver: « Veux-tu que nous allions ensemble à la Mecque? » — Il a répondu: « A la Mecque, tu ne le peux pas, mais tu t'arrêteras à Djedda, tu m'attendras, et ensuite, nous irons à Tanger, à Fàs... » — « Et à l'oued Soûs, veux-tu m'y mener? » — Il sourit avec embarras, sans oser refuser, comme un ami à qui on demanderait le mot de son coffre-fort: « Moi, je veux bien, dit-il, mais ce sont les Kabyles des montagnes qui te tueraient, parce que tu es chrétien. »

O bon être que je ne dois pas revoir sans doute, à moins qu'il ne plaise à ton Dieu, j'aurais bien, avec toi, sillonné la « mer Blanche » et la mer Rouge, mouillés tous les deux par le rejet des vagues, à l'extrême avant d'un « babor »; j'aurais dormi, à côté de toi, en quatrième classe, recouverts ensemble, la nuit, d'une voile par la pitié des matelots; nous nous serions nourris de petites galettes de pain arabe, si belles à l'œil, si pierreuses sous la dent..., mais tu aurais tremblé, Hadj Ahmed, si j'avais pénétré les secrets de l'oued Sous, de cette vallée qui te tient tant au cœur et où les gens sont si mauvais. Un jour, Hadj Ahmed, bon être naïf perdu pour mon amitié, j'irai au Maroc, et j'espère te rencontrer, pieds nus, sous un burnous libre, ton fusil de sauvegarde sur l'épaule, menant par les fondrières un âne galeux, et alors je retrouverai à ta vue l'émotion d'un éclair d'amitié, je saluerai, moi le premier, ta face de vieil enfant sentimental et brave, toi, deux fois hadj, deux fois saint. Je veux même apprendre d'autres sourates par cœur, pour t'égaler, te vaincre sur la théologie. Et quand nous nous promènerons dans les olivettes de l'oued Sous, nous reparlerons du Ramadan, que nous avons jasé ensemble à Tunis, devant les felouques pesantes, l'œil sur la mer qui conduit au pèlerinage.

TABLE DES MATIÈRES

Châteauroux. — Typ. et Stéréotyp. A. Majesté.

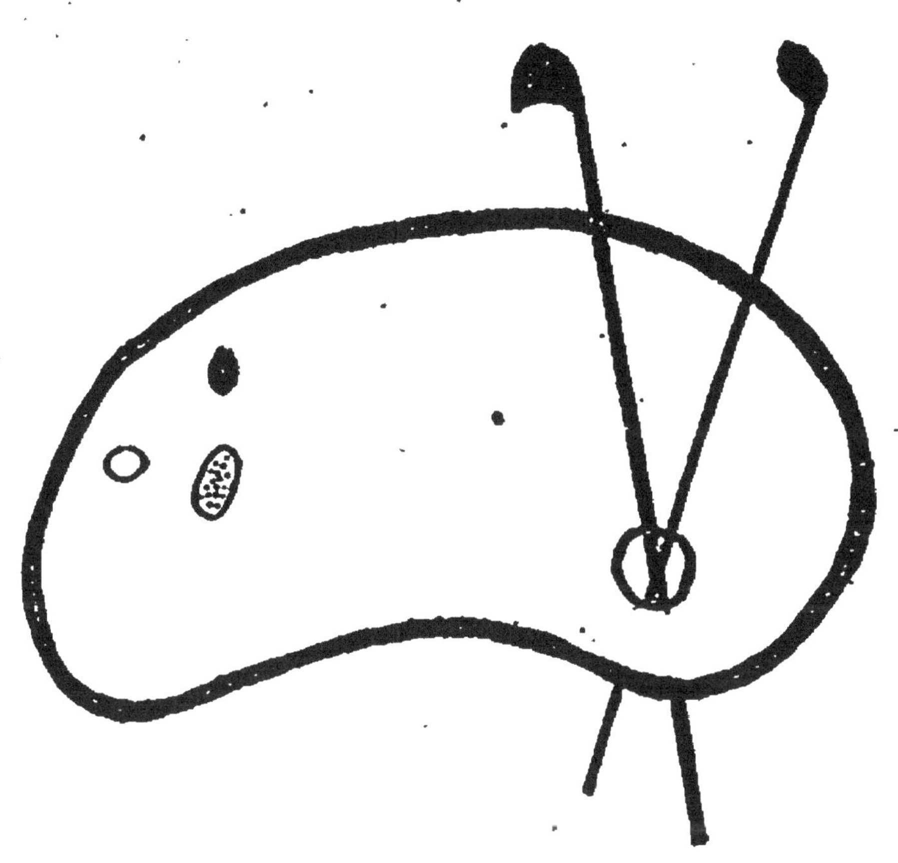

www.ingramcontent.com/pod-product-compliance
Ingram Content Group UK Ltd.
Pitfield, Milton Keynes, MK11 3LW, UK
UKHW020203250726
13967UKWH00003B/1231

9 782012 932500